人文社会科学通识文丛

总主编 刘德海

曲寄人情 话说李玉

「文学江苏读本」

赵兴勤 著

文學江蘇

江苏人民出版社

江苏省哲学社会科学界联合会

《人文社会科学通识文丛》

目　录

小 引

江苏历来以文化大省著称，而江苏的戏曲文化更是为人们所推重。如果说元代杂剧的发展重镇，基本集中在北方，分布在元代京师大都（今北京）、山西平阳（今山西临汾）、山东东平（今山东东平）这三个地域的作家群，代表了元代戏曲创作的主要成就，那么，明清传奇戏的创作，江苏籍的作家则占据着无可争议的主流地位。1935年由上海商务印书馆出版的卢前《明清戏曲史》一书，专列“明清剧作家之时地”一章，共开列戏曲作家234人。其中江苏籍作家105人，占44.9%。而浙江仅次于江苏，凡81人，占34.6%。而山西、陕西、湖北、湖南、四川、福建、贵州、河南、河北、山东、广东等地，多者四、五人，少者仅一人。尽管这一统计肯定不完全，但江苏一地剧坛之繁荣，则可以想见。难怪卢前在书中感叹：这一时段的戏曲作家，“若论籍贯，以吴人为多，浙人次之”，“可知二代作者，实以江南为盛。”（《卢前曲学四种》，中华书局2006年版，第8页）

卢前《明清戏曲史》书影

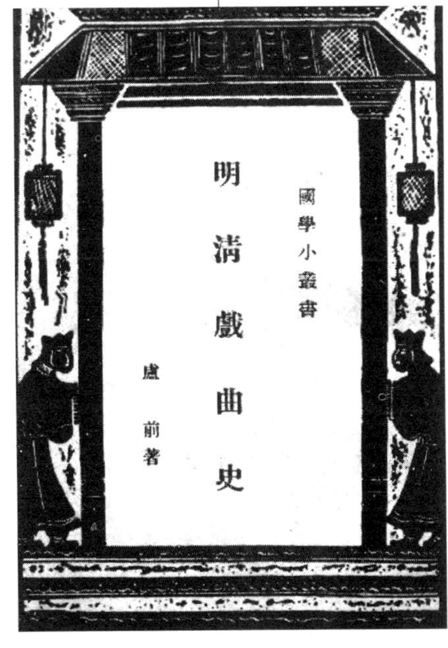

从另一角度来看，在中国古代戏曲发展史上，为前人述及且被当今学者认可的戏曲流派，不过吴江派、临川派、昆山派、骈绮派、越中派、苏州派等数家而已，这其中有四家产生于江苏。（参看拙作《江苏戏曲文化史论纲》，江苏省委宣传部编：

《大众文艺:百名专家千场讲座精选》,江苏凤凰文艺出版社 2016 年版,第 296 页)明末清初,在江苏苏州一带,活跃着一批平民剧作家,较为著名的有朱素臣、朱佐朝、张大复、邱园、叶雉斐、毕万侯、朱云从、薛既扬、盛际时、盛国琦、陈子玉、过孟起、陈二白等人。因为他们在戏曲创作实践上情趣相类、创作追求相同、剧作风格相似,又不时合作剧本、商酌文辞、研讨格律,且均为梨园搬演而写作,故被称为苏州派。在这一作家群体中,最为著名的乃是李玉,他堪称苏州派剧作家的杰出代表,在整个戏曲史上也占有重要地位。

一、李玉的家世、生平与戏曲创作

在封建时代，作为儒家代表作的“六经”（包括《诗》、《书》、《礼》、《易》、《乐》、《春秋》），才被正统文人视作“天下之至文”（明·杨廉《答张天衢》，《杨文恪公文集》卷四六）。就是说，天下最好的文章乃是儒家的经典，至于诗，在传统文人那里是不屑一顾的，即所谓“诗，小技，不足为也”（《明史·杨士奇传》），诗尚如此，更遑论戏曲？缘此之故，古代一些剧作家、小说家，甘愿放弃著作权，隐姓埋名从事戏曲或小说创作。如此一来，什么笔花主人、云溪散人、湖上逸人、织花吟客、醉筠外史之类的化名，则俯拾皆是，给后世学者的研究带来了很大困难。又由于相关资料难以搜访，以致像李玉这样的戏曲创作大家，在很长一段时间内，也没有得到足够的重视。

时至晚清，古老的中国正饱受外国列强重创。在这一特定形势下，东、西方文化的冲突愈发明显，传统的价值观遭到严峻挑战，旧的文化秩序解体，亟待重构。身处复杂多变的社会环境之中，许多有识之士痛定思痛，纷纷寻觅救国之道。他们在耽恋本民族优秀传统文化的同时，也自觉或不自觉地“尽量吸收外来之新文化”（梁启超《清代学术概论》，《梁启超论清学史二种》，复旦大学出版社 1985 年版，第 86 页）。学术研究也有所转向，戏曲、小说受到一定程度重视。

曲学大师吴梅，于 1916 年在商务印书馆出版的《顾

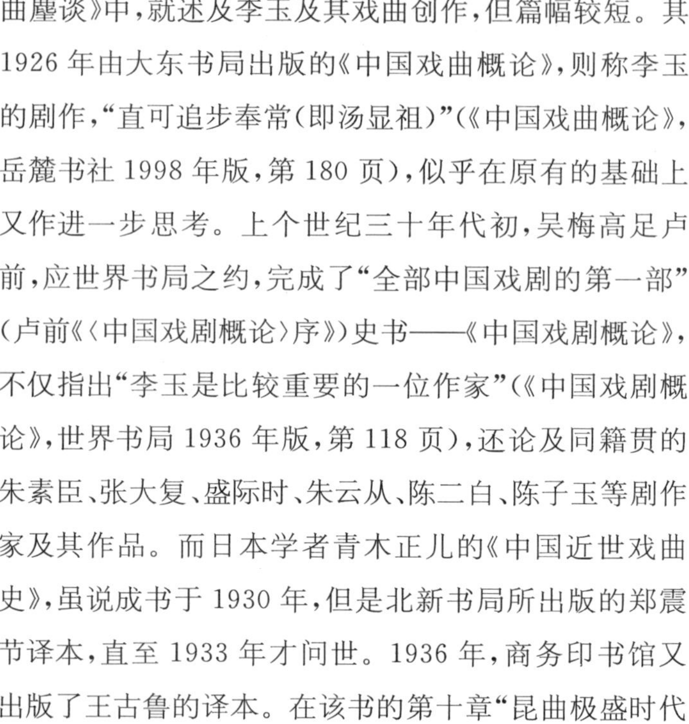

曲麈谈》中，就述及李玉及其戏曲创作，但篇幅较短。其1926年由大东书局出版的《中国戏曲概论》，则称李玉的剧作，“直可追步奉常（即汤显祖）”（《中国戏曲概论》，岳麓书社1998年版，第180页），似乎在原有的基础上又作进一步思考。上个世纪三十年代初，吴梅高足卢前，应世界书局之约，完成了“全部中国戏剧的第一部”（卢前《〈中国戏剧概论〉序》）史书——《中国戏剧概论》，不仅指出“李玉是比较重要的一位作家”（《中国戏剧概论》，世界书局1936年版，第118页），还论及同籍贯的朱素臣、张大复、盛际时、朱云从、陈二白、陈子玉等剧作家及其作品。而日本学者青木正儿的《中国近世戏曲史》，虽说成书于1930年，但是北新书局所出版的郑震节译本，直至1933年才问世。1936年，商务印书馆又出版了王古鲁的译本。在该书的第十章“昆曲极盛时代（后期）之戏曲”中，他虽然对吴梅的“追步奉常”说表示质疑，但仍将李玉归入以汤显祖为代表的“玉茗堂派”。

周贻白《中国戏曲发展史纲要》书影

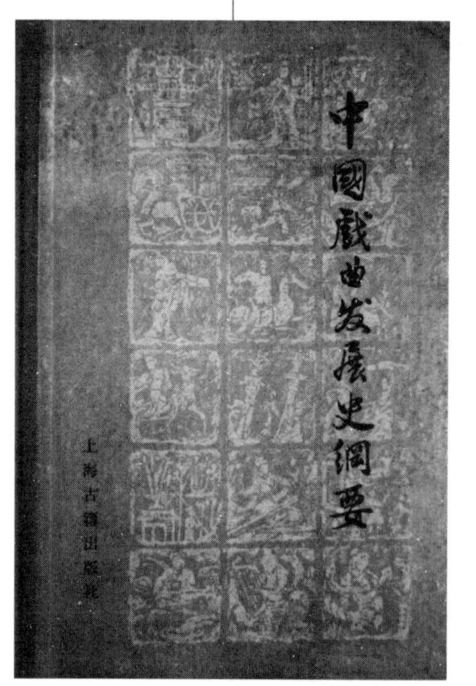

直至1960年，周贻白的《中国戏剧史长编》出版，才对李玉及相关作家有一个总体的把握，称：“这一类作家，据今所知，有李玉、朱皠、朱佐朝、叶时章、邱园、毕魏、张大复等人，他们都是苏州或苏州附近的人，大多数都是没有赴过考试的布衣之士。他们虽然没有具体的组织，但彼此都有所往还，或共同撰作，或相互商讨，在这班作家中，以李玉的作品为最多。”（《中国戏剧史长编》，上海书店出版社 2004 年版，第 370 页）还称他们“于文词音律之审度外，渐知注重舞台效果、联系观众，不像以前那样徒知闭户造车”（《中国戏剧史长编》，第 376 页）。而周氏的另一部著作《中国戏曲发展史纲要》，也基本沿用了这一说法。不过，他特别强调了“苏州这个地区，这时期以剧作家的身份而出现的，比任何一地为多”（《中国戏曲发展史纲要》，上海古籍出版社 1979 年版，第 346 页）。

到了上个世纪六十年代初，吴新雷接连发表了《李玉生平、交游、作品考》（《江海学刊》1961 年第 12 期）、《李玉逸曲访读记》（《江海学刊》1963 年第 9 期）等系列论文，在详细考订作者行年及其交游的基础上，从创作能力、风格追求、相互关系等层面展开深入论述，明确指出：“在明清之际的戏剧界，的确形成了别树一帜的艺术流派，可以称之为苏州派”，李玉“无疑是苏州派戏曲作家中的领袖，是这一戏剧流派的开道者和总的代表者。”（《中国戏曲史论》，江苏教育出版社 1996 年版，第 141 页）此后，苏宁的《李玉和〈清忠谱〉》（中华书局 1980 年版）、颜长珂等的《李玉评传》（中国戏剧出版社 1985 年版）、康保成的《苏州剧派研究》（花城出版社 1993 年版）等著述，又在这一研究的基础上，有不少发现与开拓。再后来，由陈古虞、陈多、马圣贵点校的《李玉戏曲集》，于 2004 年由上海古籍出版社出版，更为走近李玉、了解李玉、研究李玉提供了莫大方便。下面，根据相关文献及有关研究成果，对李玉的生平事迹作一个大致描述。

在古代，有地位、有身份的读书人，往往能进入正史的“列传”；次一些的，也能为地方志中的“人物志”所收录。而作为民间戏曲家的李玉，却因其出身卑微、功名不

显，史书自然不可能给他留有位置，方志对他事迹的载述也十分简略。如《（民国）吴县志》卷七五上“列传·艺术一”载曰：

> 李玉，字玄玉，吴县人。明崇祯间举于乡，入清不再上公车。著有《北词广正谱》，取华亭徐于室原稿改编，吴伟业为作序。淹雅博洽，回出原书上。又著传奇三十二种，最著者曰《一》、《人》、《永》、《占》，谓《一捧雪》、《人兽关》、《永团圆》、《占花魁》也。

以上引文中的“廻（回）”，疑为“冋”（读作 jiǒng）字之误。“冋”与“迥”音、义同。迥，《增韵》：寥远之意。此处作“远”讲，意谓李玉所撰《北词广正谱》，虽说改编自徐于室原稿，但质量远远超出原书。这段文字，给我们提供了三方面信息：一是李玉的籍贯，是江苏吴县。二是他明崇祯年间曾中举，入清以后不再进取功名。“公车”，即官车。在汉代，有时用公家的马车接送应举的人，后来，借用“公车”指称举人入京考试。三是注明其作品名称及数量。

民国《吴县志》书影

而清人焦循《剧说》卷四则谓：

> 元（玄）玉系申相国家人，为孙（一作申）公子所抑，不得应科试，因著传奇，以抒其愤。而《一》、《人》、《永》、《占》，尤盛传于时。其《一捧雪》极为奴婢吐气，而开首即云“裘马豪华，耻争呼贵家子”，意

固有在也!

文中所称申相国,即籍贯同为吴县的明代首席大学士申时行。申时行(1535—1614),字汝默,号瑶泉,嘉靖壬戌(四十一年,1562)状元,授修撰。万历六年(1578)三月,以吏部左侍郎兼东阁大学士,进入内阁。后升任礼部尚书兼文渊阁大学士。累官少傅兼太子太傅、吏部尚书、建极殿大学士,任首辅达九年之久。万历十九年(1591)归里闲居,四十二年(1614)卒,年八十。谥文定。

申时行进退雍容,较有气度,也善于识人,他对青年后生朱国祚的赏拔即是一例。朱国祚(1559—1624),字兆隆,号养淳,秀水(今浙江嘉兴)人,乃清代大文学家朱彝尊的曾祖父。他九岁时就为申时行所赏识,留在申府中读书。一日,随师出游,国祚脚陷入污泥,时行命书僮回去取鞋,童子误将时行朝靴取来,国祚不敢穿。时行笑道:“穿上吧,你将来肯定会像我这样。”后来,国祚举顺天乡试,曾有人怀疑其才能,时行断言其必大魁于天下。次年,国祚果然高中状元,后官礼部尚书兼东阁大学士。

申时行画像

申时行以当朝宰辅,优游林下二十余年,经常出入吴趋委巷、歌楼僧舍,唱酬赋诗,与少年词人争强角胜。又拥有园林馆榭之胜,有条件欣赏歌舞,故遍征梨园,广蓄声伎。据清褚人获《坚瓠集》十集卷一所辑郑桐庵《周铁墩传》记载,“吴中故相国申文定公家,所习梨园为江南称首。”

焦循称“元(玄)玉系申相国家人”。

"家人",古代常以此指称仆役。《史记》中的"栾布传"、"辕固传",已出现"家人"一词,往往用来泛称僮仆。吴新雷、康保成等学者,根据李玉同时代作家吴绮【满江红】〈次楚畹韵赠元玉〉词中"世事漫须真实相,家传自擅清平调"推论,李玉当出身于梨园世家。其父祖辈,以伎艺表演或撰写新曲见长,故有"家传"之说。所以,此处之"家人",可能与申相府中所蓄养家班有一定联系。然而,值得注意的是,清人往往将这类艺人称作"家伎"或"家伶",如李雯《高堂行》诗题下小注"时亦大招饮,观储氏家伎"(《蓼斋集》卷一八)、方文《刘旋九招集韦园观家伎》(《嵞山集》卷六)、《闻李宗伯家伎并遣伤之》(《嵞山集》再续集卷一)、钱澄之《彦林家伶散为健儿,因予强奏数阕》(《藏山阁集》诗存卷二《过江集》)、龚鼎孳《九日鲁挹庵总戎招饮出家伶度曲》(《定山堂诗集》卷二四)、《春日观胡氏家伎席中作》(《定山堂诗集》卷四一)。也有称"家姬"、"家剧"者,如余怀《李笠翁招饮出家姬演新剧,即席分赋》(《味外轩诗辑》)、《鹧鸪天·王长安拙政园晏集观家姬演剧》(《玉琴斋词》)、吴绮《留村尚书招饮观家剧,即席纪事》(《林蕙堂全集》卷一九)、顾景星《李益三梧桐树下家僮度曲图》(《白茅堂集》卷二一)。还有称某氏小史、某氏歌者、某氏小奚者。"小史",即随侍左右的书僮。"小奚",年龄小的僮仆。由此看来,既称为"家人",大概还不是纯粹的家班中的演职人员。他的父辈或为家人而习为戏曲演出活动者,否则,应该以"家伶"称之,而不是"家

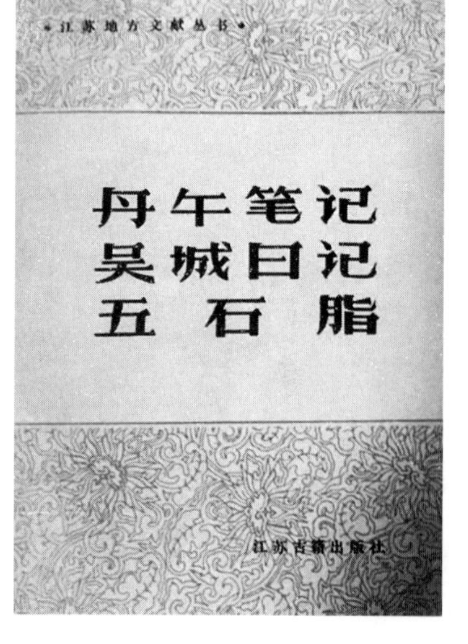

江苏古籍出版社版顾公燮《丹午笔记》书影

人”了。

然而，也有例外。《丹午笔记》“李佛公子”条记载说：康熙三十一年(1692)，李煦任苏州织造，管理浒墅关税务兼管扬州盐政，口碑较好，人称“李佛”。其儿子“性奢华，好串戏。延名师以教习梨园，演《长生殿》传奇，衣装费至数万。以致亏空若干万。吴民深感公之德，惜其子之不类也”。此句下注曰：“李公家人有汤、钱、瞿、郭四姓，皆巨富，在苏置宅，各值万金有余。”顾丹午即顾公燮，丹午是其字，乃吴郡的一位秀才，生活在清乾隆年间，与焦循(1763—1820)大致为同时代人，在话语表述上也当近似。可此处之“家人”，乃紧承上述“延名师以教习梨园”以致家产破败而来，所以，这里的汤、钱、瞿、郭四姓家人，或是指家中厮养之戏曲艺人。按照封建时代之律令，良人一旦卖身为奴，任凭主人更姓换名，“终身不敢雁行立”，不敢失尺寸。而上述四姓，却各置房产，成了家有万金的巨富。若不过是奴仆，恐难以达到这一地步。从这一层面来看，这里所说的“家人”，也许指的是家中所养艺人。因其身份卑微，而视同“家人”，故以“家人”称之。否则，这一注释则与前面内容有脱节之嫌。当然，若想将这一问题弄清楚，还须作进一步考证。

李玉正因为出身卑微，才会被称作“家人”，以致“连厄于有司”(清·吴伟业《〈北词广正谱〉序》)，接连为主试的官吏所摈弃，直至晚年，才仅仅“中副

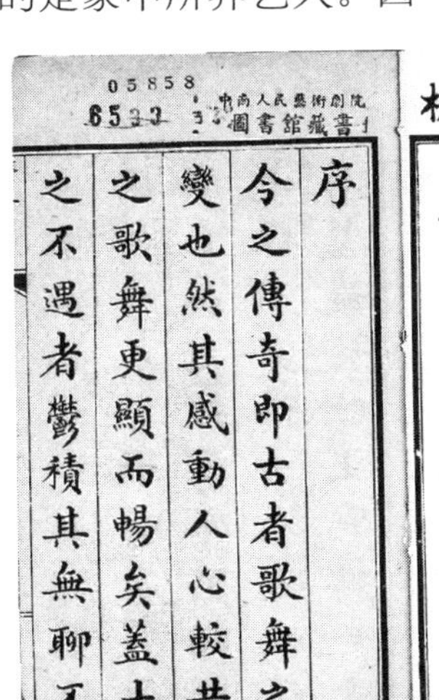

序
今之傳奇即古者歌舞之變也然其感動人心較昔之歌舞更顯而暢矣蓋士之不遇者鬱積其無聊不

文靖書院藏板
吳門李元玉手訂
一笠菴北詞廣正九宮譜
青蓮書屋定本

李玉《北词广正谱》书影

车”(清·吴伟业《〈北词广正谱〉序》)。“副车”,即副榜举人。所谓“副榜”,其实与后世之备取近似,“凡乡试文理优长、备中之卷,因限于定额未取中者,填入副榜”(王德昭《清代科举制度研究》,中华书局1984年版,第26页)。副榜举人,可以送监读书,但是待遇自然与正额录取者有很大不同。

也正因为李玉是申府家人,才会为“孙公子所抑”。“孙”,有的版本作“申”。据史籍文献记载,申时行有三子:一为用懋(1560—1638),字敬中,号元渚,乃明万历十一年(1583)进士,曾以右佥都御史巡抚顺天,官拜尚书之职。崇祯间,致仕回乡。一为用嘉(1563—1643),字美中,号经峪,晚号念先,明万历十年(1582)举人,历官广西参政。一为兆虬,早卒。孙辈人数众多,有申承鼎、申联璧、申承芳、申传芳、申腾芳、申廷芳、申济芳、申继揆、申绍芳、申演芳、申宏祚、申绪隆、申绳武等。其中较著者如用嘉子绍芳,字青门,明万历四十四年(1616)进士,曾任山东按察副使,累官户部右侍郎。用懋子传芳,字维习,内行纯洁,荫补尚宝司丞。余如申济芳,字维宁,自号遵渚,官生,明末官工部主事。申继揆,字维志,号勗庵,明末官刑部郎中,著有《申比部诗集》六卷。申演芳,字孝观,著有《玄间阁诗草》。他没有取得功名,被推恩赐予中书科中书舍人一职。申承芳,亦荫中书舍人。申腾芳,官生,清顺治六年

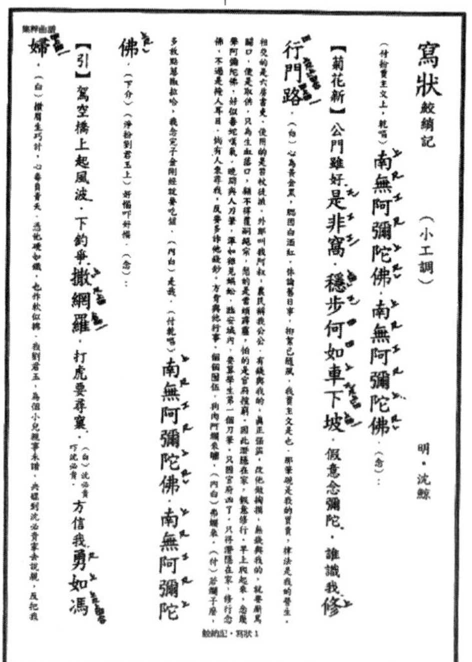

《鲛绡记·写状》曲谱

(1649)任职浒墅钞关。李玉作为“家人”所生子，却能学得才学满腹，“足以上下千载”、“囊括艺林”(清·吴伟业《〈北词广正谱〉序》)，这自然容易引起功名失意的贵胄公子的妒忌。所以，千方百计予以压抑，或为可能之事。《剧说》所指称的“孙公子”，很可能指的是申时行孙辈中功名不显的某一人物。再说，即使这类贵公子功名得意，恐怕内心深处也多半不愿意看到“家人”之子平步青云，一朝与小主人身份等同，平起平坐，这岂不乱了伦理秩序？既然有苗头出现，他们又岂能不再三打压，以防患于未然？

吴伟业称李玉晚年始得中副榜举人，而录取“副车”的时间又是“崇祯间(1628—1644)”。据清人所编《续文献通考》卷三五“选举二”所载，明崇祯年间，礼部会试分别于元年(1628)、四年(1631)、七年(1634)、十年(1637)、十三年(1640)、十五年(1642)、十六年(1643)举行，凡七次。明代的乡试，每三年举行一次，逢子、午、卯、酉年开考。如此看来，崇祯年间的乡试，大概分别是三年(庚午，1630)、六年(癸酉，1633)、九年(丙子，1636)、十二年(己卯，1639)、十五年(壬午，1642)，特殊情况除外。假若说李玉于明崇祯十二年(1639)应乡试，中副榜，时年五十，那么，其生年或在明万历十九年(1591)前后。至万历四十四年(1616)，李玉已二十五六岁，学有所成，才有可能给“孙公子”带来精神重压，以致屡屡被打压。至于其卒年，也约略可寻。明人凌濛初曾编有曲选《南音三籁》，袁于令侄儿袁园客对该书所录曲文之板眼再加考订后，欲付之梨枣，特请谙熟戏曲作法的李玉作序。李玉在《序》中说：“予于词曲，夙有痂癖。数奇不偶，寄兴声歌，作《花

魁》、《捧雪》二十余种，演之氍毹，聊供喷饭。曲学精微，未窥半豹，不敢拒袁子之请，谨识数语以弁其首。”文下注明：“康熙六年五月望日，苏门啸侣元玉氏题于一笠庵之东篱小广。”若依上推论，清康熙六年(1667)，他已是七十六岁高龄。自言作传奇二十余种，而据各家戏曲书目著录，李玉戏曲作品达三四十种之多。以一年创作两种计算，余下各种至少也需五、六年时间才能完成。据此看来，李玉起码活到八十三岁上下，至清康熙十二三年似仍在世。这一推论，大概距事实相去不远。(参看吴新雷《中国戏曲史论》，第 133 页)

李玉所生活的苏州一带，乃三吴歌舞之乡、胜国管弦之地。距此不远的昆山，乃传奇戏的主要声腔——昆山腔的发源地。妙解音律的吴江派代表人物沈璟，放情词曲，与同里顾道行并蓄声伎，时为香山洛社之游。所著《属玉堂传奇》及《南曲全谱》、《唱曲当知》、《南词韵选》，影响广远，被奉为“词林之哲匠，后学之师模”(明·王骥德《曲论》卷四)。在当地，戏曲的编演则蔚然成风，“年来俚儒之稍通音律者，伶人之稍习文墨者，动辄编一传奇”，以得沈宁庵“九宫正音之秘”而自许(明·沈德符《顾曲杂言·填词名手》)。而且，这一带，在明代中后期工商业发达，市井坊陌，茶楼酒肆，星罗棋布，且俗尚奢靡，家无斗储，而被服必求华鲜；席列数品，饮食必贪美味。婚丧嫁娶，重在排场，炫耀美观，竞夸富贵。而且，游乐成风，“少妇艳妆，抛头露面，绝无顾忌。或兜轿游山，或灯夕走月，甚至寺庙游观、烧香做会、跪听讲经，僧房道院，谈笑自如”。“游山之舫，载妓之舟，鱼贯于绿波朱阁之间，丝竹讴歌与市声相杂”。四时节令，春祈秋报，“每称神诞，灯彩演剧，陈设古玩希（稀）有之物，列桌十数张，技巧百戏，清歌十番，轮流叠进”，还“抬神游市，炉亭旗伞，备极鲜妍，台阁杂剧，极力装扮。今日某神出游，明日某庙胜会，男女奔赴，数十百里之内，人人若狂。一会之费，动以千计，一年之中，常至数会”（清·钱思元《吴门补乘》卷一《风俗补》）。举殡之时，设宴演剧，佛戏歌舞，彻夜不休。生病不求医药，以歌舞禳解。耕作、驶舟，也以讴歌自遣。僧道之流，还时常发帖邀请妇女举行各种形式的聚会，且将佛经编为戏剧，丝竹弹唱，甚至径入富豪之家吹弹唱经。这一风习，涵育出当地人们对戏曲文化的异常渴求与主动接受。种种现象足以说明，戏曲在这一地域有着深厚的群众基础，各种家班也应运而生。据刘水云《明清家乐研究》（上海古籍出版社 2005 年版）一书统计，苏州（包括吴县、吴江）一带的家班，仅明代就有徐有贞家班、王延喆家班、陆粲家班、马龙光家班、皇甫汸家班、申时行家班、顾大典家班、沈璟家班、范允临家班、曹尘客家班、吴锵家班、徐泰时家班、徐溶家班等二十余家。生活在这样一个戏曲编演皆很兴盛的江南水乡，岂能不受其感染？

再说，申时行明万历十九年（1591）还乡家居，一直寄情于戏曲。明·潘之恒《鸾啸小品》卷二就曾记载，申府之小班，以管舍的表演最为杰出。而范班（范长白家班）、徐班（徐仲元家班）则稍次之。由此可知申府伎乐之盛，可谓笙箫笛管，无有虚日。后来，小管做了

《一捧雪》人物图

申府家乐的领班，且以演出袁于令的《西楼记》而驰名。申氏家乐中其他著名优人，还有周铁墩、沈娘娘等人。沈娘娘后来加入常熟钱岱家班，教习女乐。《鲛绡记》也是申班擅演的剧目，与范氏家班所演《祝发记》齐名，故有“申《鲛绡》、范《祝发》”（《曲海总目提要》卷一三）之说。明万历四十二年（1614），申时行病逝，其子用懋、用嘉继其事。直至入清后，申氏家班仍活跃于当时氍毹。清顺治十二年（1655）九月，“申氏中班演《葛衣》、《七国》，金君佐方在壮盛时，真使人洞心骇目”（清·王忭《王巢松年谱》）。顺治十八年（1661）正月，王时敏七十大寿，府上邀请申府中班唱堂会，“张乐数日，第一本演《万里圆》，时人黄孝子事，见者快心悦目，真千古绝调也”（清·王忭《王巢松年谱》）。上文所述《七国记》、《万里圆》，皆出自李玉之手。申府家班历经数十年风雨，其间人员肯定有所变动，但演出不断，且持续四五十年之久，伴随了李玉的大半生。李氏精通音律、熟悉排场、擅长编剧，与自幼接触戏曲演出、深受戏曲文化熏染有着密不可分的关系。他的剧作叠出，冠绝当时，与作品能得以及时搬上舞台又密切相关，说不定他就是专门为申府家班或其他戏班而编写剧本者。

李玉究竟有多少部剧作，各家说法不一。清康熙间高奕的《新传奇品》记载说，李氏著有《一笠庵传奇》三十二本，但却只著录《一捧雪》、《人兽关》、《永团圆》、《占花魁》等三十种。无名氏《重订曲海目》著录李玉剧作为三十一种，清人焦循《剧说》却仅著录二十九种。梁廷枏《曲话》则为三十一种，并称：“此就大略言之，考证当不止此。俟再补入。”支丰宜《曲目新编》、姚燮《今乐考证》，均著录为三十一种。王国维《曲录》则根据《新传奇品》、《传奇汇考》、《曲海目》所收，著录为三十三种。清无名氏《传奇汇考标目》著录为三十二种，分为别：《一捧雪》、《人兽关》、《永团圆》、《占花魁》、《五高风》、《双龙佩》、《昊天塔》、《两须眉》、《三生果》、《牛头山》、《武当山》、《麒麟阁》、《虎丘山》、《长生像》、《千里舟》、《眉山秀》、《连城璧》、《千忠会》、《挂玉带》、《清忠谱》、《意中缘》、《风云翘》、《洛阳桥》、《太平钱》、《万里缘》、《风云会》、《罗天醮》、《麒麟种》、《万民安》、《禅真会》、《一种情》、《翠屏山》等。而文化部艺术局资料室所藏增补本《传奇汇考标目》，于李玉名下追述道："此公著述极富，陈文叔丈言，昔盛时，大内藏者达六十种，惜多不记耳!"并增出《上苑春》、《清平调》、《秦楼月》、《琉璃塔》(或认为《琉璃塔》即《千忠禄》)、《五侯封》、《洪都赋》、《燕双飞》、《铜雀台》、《洛神庙》、《珊瑚屏》等十种。其中误收沈自晋所作《翠屏山》、沈璟所作《一种情》。而《七国记》，各家曲目多未收。《曲海总目提要》卷一九谓，《七国记》，"李元玉演孙膑事，采元剧增饰成之。"知此剧为李玉所作。

前文已述，《琉璃塔》系增补本《传奇汇考标目》增录曲目。怀宁曹氏所藏钞本戏曲七十种，中有此本，乃"伶工私相钞写，以备粉墨之需"(卢前《〈读曲小识〉序》，《卢前曲学四种》，第93页)者。卢前《读曲小识》卷三收有此剧，并谓该剧首题共四齣，实仅存三齣，以下残缺。叙明成祖靖难、建文帝出亡之事，为《起兵》、《烧宫》、《荩谏》。曹氏钞本的《起兵》，实为《古本戏曲丛刊》第三集所收程氏玉霜簃旧藏钞本的第五齣《议和》，所用曲牌为【红衲袄】等七支曲，二者相同，唯文字出入较大，次序颠倒。用

于首句的“溯着那旧天潢”，曹本移至该曲的后半部。《烧宫》则唱【缕缕金】等十三支曲，即【缕缕金】、【前腔】、【山坡羊】、【水红花】、【扑灯蛾】、【香柳娘】、【前腔】、【小桃红】、【下山虎】、【五般宜】、【五韵美】、【蛮牌令】、【尾】。而程藏本第六齣《烧宫》，仅有【缕缕金】、【前腔】、【山坡羊】、【五更转】、【水花红】、【扑灯蛾】七支曲。很显然，曹钞本是将第七齣《披剃》与第六齣合为一齣，将第七齣的【香柳娘】、【前腔】、【小桃红】、【下山虎】、【五般宜】、【五韵美】、【蛮牌令】、【尾】一并移入。难怪卢前感叹：“此齣在【扑灯蛾】以上押鸠由韵，其下改齐微韵，怪甚！”（《卢前曲学四种》，第186页）本为两齣戏之曲文，而纽结一起，岂能不乱了韵脚？而《尽谏》一齣，在程氏藏本中，并无相对应的情节，所谓“成祖入城后，众争迎驾。御史连楹叩马而谏，成祖怒，斩楹于马下。值徐辉祖挥戈来战”（《卢前曲学四种》，第186页）。《千忠禄》一剧，并未叙及。徐辉祖挥戈来战、连楹叩马而谏，有的仅是借他人之口顺带提起，却没有登场。可见，这齣戏纯系改编者增出。如此看来，视《琉璃塔》与《千忠禄》为一剧，尚缺少足够的证据，或是其改本。为慎重起见，姑存疑。

钱谦益画像

即使汰去重复著录者，李玉剧作尚有四十余种，也有学者认为其剧作共有三十三种。至于陈文叔所称六十种，除上述作品外，还有何等剧作，则不得而知。李玉剧作至今尚存世者，计有《一捧雪》、《人兽关》、《占花魁》、《永团圆》、《麒麟阁》、《风云会》、《牛头山》、《太平钱》、

《连城璧》(残本)、《眉山秀》、《千钟禄》(又名《千忠戮》)、《五高风》、《两须眉》、《清忠谱》、《意中人》、《万里圆》、《一品爵》、《昊天塔》、《洛阳桥》(残本)、《埋轮亭》(残本)、《七国记》等二十一种,《李玉戏曲集》仅收前十七种,后四种因版本未觅得,暂付阙如。曲谱方面,李玉的《北词广正谱》,是根据华亭徐于室《北曲谱》增删订补而成,以搜罗详备,为治曲者所推重。戏曲理论著述方面,李氏除了作有上文提到过的《〈南音三籁〉序》,还曾批评明人高濂所作《玉簪记》,并写序。

李玉才情满腹,剧作宏富,标帜词坛,声高当代,"酒楼诸妓,咸歌其诗"。又因其性格伉爽,许多文士乐与之交,连钱谦益这样的东南诗坛盟主,也对他称道不置。清顺治三年(1646),钱氏寓居苏州拙政园,得读李玉剧作多种,激动不已,称赞他具如此通才,当世无两,真乃青莲(唐朝诗人李白,号青莲)苗裔、金粟(元末明初昆山人顾瑛,自称金粟道人)转世。钱谦益作为明末清初的诗坛大佬,竟然对李玉这样一位出身低微、功名落拓的小人物如此推崇,是很不容易的。以李白比况李玉,固然是夸赞对方才情富艳、豪情四射、壮怀磊落,而以顾瑛比拟李玉,则透露出另一方面消息。

顾瑛(1310—1369),又名顾德辉、顾阿瑛,字仲瑛,江苏昆山人,是元末明初很有影响的文学家。其为人性情豪爽,轻财结客。至三十岁时始读书,结交名流硕彦,购古书名画珍藏。四十岁时,家产尽交儿子管理,自己却择地建起玉山草堂,园池亭榭,终日徜徉其间,与高人俊流饮酒赋诗,觞咏唱和,且蓄养歌伎,听歌看舞,极一时之盛。铁厓先生杨维桢、黄鹤山樵王蒙、云林先生倪瓒、周山人砥(字履道)、松云道人熊梦祥等名人雅士，均是其座上常客，所谓“方床石鼎高情远，细雨茶烟清昼迟”(周砥《玉山草堂》,《列朝诗集》甲集前编卷八上)、“风来野树留歌鸟，雨入溪流送落花”(顾敬《次廉夫韵寄玉山》,《列朝诗集》甲集前编卷八下)、“对花时复得诗句，爱客每能挥酒钱”(朱熙《玉山草堂》,《列朝诗集》甲集前编卷八下)，皆是玉山草堂生活的写照。

钱谦益的这一比况，最起码给我们提供了两条信息：

一是李玉与歌妓的关系问题。因文献难以访求，李玉的家境如何，无计窥知，至于他能否像顾阿瑛那样蓄养得起家伎，也难以遽断。但有一点似乎可以判定，他与以戏曲演员为主体的伎者定有广泛且密切的交往。否则，历史上那么多文学大家，为何单单将他与风流放诞的顾阿瑛相比拟？若仅从才情与豪气出发，以诗仙李白作比足矣，又何必多此一举？吴绮【满江红】〈次楚畹韵赠元玉〉，开首即云：“李下无蹊，问当代，谁为逋峭？”(《林蕙堂全集》卷二五《艺香词》)，是言李玉的风度翩翩，潇洒风流。“逋峭”，典出《魏书·温子昇传》。谓：“子升前为中书郎，尝诣萧衍客馆受国书，自以不修容止，谓人曰：‘诗章易作，逋峭难为。’”“逋峭”，又作“庯峭”。“逋”、“庯”，皆读作 bū。北宋·宋祁《宋景文公笔记》卷上“释俗”条记述道：“今造屋势有曲折者，谓之庯峻。齐、魏间，以人有仪矩可喜者，谓之庯峭，盖庯峻也。”又作“波峭”。南宋·周密《齐东野语》

吴绮《林蕙堂文集》书影

卷八“庯峭”条，先引《魏书》“逋峭难为”之语，后则解释说，“今京师指人之有风指者，亦谓之波峭。”“风指”，即风致、风韵、风度。南戏《孟月梅写恨锦香亭》佚曲：“丑妇家中宝，五色妆成彩楼高，彼此风流更波峭。”就用以形容人的俊俏、聪慧。当时人称顾阿瑛声调秀逸、任侠清狂、超然物外、风流豪赏，被称为“东南之冠”。李玉之风度行止，也当如此，故有“逋峭”之说。吴词下片谓：“公瑾当筵曾顾误，小红倚笛偏能妙”，按照钱谦益《〈眉山秀〉题词》所说，李玉娴于音律，为当行作家，“即使延年协律，当亦赏其清柔；善顾周郎，无能摘其纰缪。”所谓顾曲周郎，当隐指李玉其人。

吴绮词题中的楚畹，当指茆楚畹。吴绮《林蕙堂全集》多处提及此人，如卷一所收《答茆楚畹编修书》、卷一五所收《洼尊亭同楚畹作》、卷一七所收《爱山台月夜同楚畹、子寿、弘载、辰六、燕孙》、《次楚畹韵送阮怀游闽》、卷二四所收《天仙子·吊古梅为雪所折次楚畹》、卷二五所收《汉宫春·赠楚畹生日，楚畹后余三日也》。茆楚畹，即茆荐馨。《（嘉庆）宣城县志》卷一七载其小传较详，谓：

> 茆荐馨，字楚畹。少英敏力学，寒暑不辍。为文不属草，顷刻立就。年十七补弟子员，屡困棘闱，纵游齐、梁、燕、赵间。改就北雍，时大学士宋德宜为国子祭酒，奇其文，累试皆最，以国士目之。壬子举于京兆，己未获隽南宫，廷对第三人，授翰林院编修。读中

《一笠庵汇编清忠谱传奇》卷首

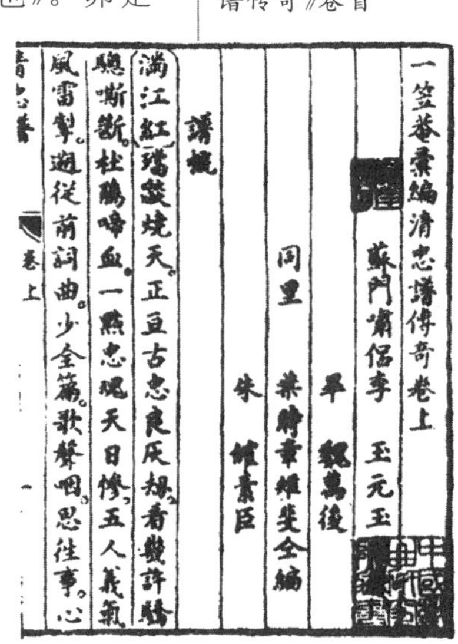
一笠菴彙編清忠譜傳奇卷上
蘇門嘯侶李　玉元玉
畢　魏萬後
同里　葉時章雉斐　仝編
朱　確素臣
譜概
滿江紅　璫燄燒天，正直古忠良厭摒。看幾許驕驄嘶斷，杜鵑啼血。一點忠魂天日慘，五人義氣風雷掣。溯從前詞曲少全篇，歌聲咽。思往事，心
清忠譜　卷上　一

> 秘书时，命词臣纂修《五代史》暨《易经讲义》，荐馨分辑不懈。蜀平献诗，上深加奖励，名益重。俄而疾作，竟以病请易箦。前数日梦之帝所观竞渡，恍闻天语。俄归，见车骑驺从数十人来迎，问："何往？"曰："东岳庙。"至则东顾一座，吏白曰："设此以待公。"惊寤，语其子。越五日，赋绝句曰："半年消渴望蓬莱，梦里君王赐药来。隐隐龙舟竞渡去，香风天上五更回。"翼日逝。平生孝友廉洁，待人一以诚信。游宦十数载，家无余财，所居帷幕不周，炊烟间绝，晏如也。卒赖大学士杜立德、宋德宜相率经理其丧以归里。所著有应制诗赋等，见载籍。子振旗，乙酉举人。

论者一般认为，所谓楚畹，可能就是清初词人徐善迁。似尚应作进一步推敲。

二是说明李玉交游甚广。这一点，吴新雷《李玉生平、交游、作品考》、《李玉交游续考》已论之甚详，且已为不少文献记载所证实，这里仅根据专家考证及相关文献略作论述。李玉的《北词广正谱》，日本京都大学、东京大学、大阪大学、天理图书馆等处所藏文靖书院刊本，正文就题有"华亭徐于室原稿，茂苑钮少雅乐句，吴门李玄玉更定，长洲朱素臣同阅"诸字。"茂苑"，左思《吴都赋》："带朝夕之浚池，佩长洲之茂苑。"后以"茂苑"借指苏州。"长洲"，即苏州，以长洲苑而得名。长洲苑，原为吴王阖闾驯犬狩猎之地，在吴县西南。至唐，曾设置长洲县。此是沿用古称。据此可知，本书的编纂，虽说以李玉为主，但同里曲师钮少雅、剧作家朱素臣，都参与了部分工作。

朱素臣，即著名传奇剧作《十五贯》（又名《双熊梦》）的作者朱㿥，号苼庵，江苏吴县人。所创作传奇、杂剧等二十余种（参看赵兴勤《庄一拂〈古典戏曲存目汇考〉补正》），今存者尚有《十五贯》、《未央天》、《秦楼月》、《翡翠园》、《朝阳凤》、《龙凤钱》、《聚宝盆》、《万年觞》等十余部。其生平，很少见诸文献。《（民国）吴县志》卷七五上曾记载称："又有朱㿥素臣，以字行，佚其名。尝助（李）玉参订《北词广正谱》，又与李渔友善，著传奇十八种，今仅传《十五贯》、《翡翠图》二种。"据学者考证，他大概生活在明万历四十八年（1620）至清康熙四十年（1701）之间，具体时间，有待进一步考证。

朱素臣与扬州李书云有交，曾同编《音韵须知》。李玉与他关系密切，并多次合作。除上述《北词广正谱》外，今存清顺治间树滋堂所刊《一笠庵汇编清忠谱传奇》卷上首页则题："苏门啸侣李玉元玉甫著"、"同里毕魏万后、叶时章雉斐、朱㿥素臣仝编。"同里，乃同乡之意。可知，《清忠谱》一剧的成书，是李玉、毕万后、叶雉斐、朱素臣共同努力的结果。该剧虽说是李玉主创，但其他几位同乡作家的参订之功亦不可没。据周贻白所见"伶工钞本"，原"作五人在赌场共商，为救全城百姓，一同前往自首。又钞本写五人绑赴刑场就义时，所经街道，居民均设案焚香，号哭跪拜。刻本中皆已删去"（《中国戏剧史长编》，第372页）。足见钞本与刻本的差异，其间当作了多次修改与编订。

又，《曲海总目提要》卷一八著录《未央天》一剧，谓："又名《九更天》。闻明季时有兄弟二人，皆擅才思，其一

作《未央天》，其一作《瑞霓罗》。”据《传奇汇考标目》，《未央天》作者乃朱素臣，而《瑞霓罗》则是朱良卿（名佐朝）所作，均为吴县人，知二人乃兄弟行。

《曲海总目提要》卷二五谓：“《四奇观》，苏州朱素臣、朱良卿等四人合撰。”李玉是否在此“四人”之内，不得而知。然而，高奕的《新传奇品》、增补本《传奇汇考标目》、梁廷枏《曲话》、支丰宜《曲目新编》、姚燮《今乐考证》等，均著录有《秦楼月》传奇一种。而《传奇汇考标目》别本却著录于朱素臣名下，武进涉园陶氏影印清初刻本《秦楼月》题“吴门朱素臣编次”，可知当是与李玉共同完成。否则，过从甚密的朋友，不可能以同一名目各自独撰一剧以竞高低。《曲海总目提要》卷二五还谓：“《埋轮亭》，吴县人李元玉、朱良卿等同作。”“《一品爵》，吴县人朱良卿、李元玉等同撰。”由此可见，朱佐朝也是与李玉交往密切的朋友，是仅次于李玉的一位多产作家。

朱佐朝的事迹也不甚了了。《（民国）吴县志》卷七五上谓：“马佶人，字更生，朱佐朝，字良卿，皆能为传奇，而佐朝所为尤多。”卷五六下又载曰：“朱佐朝所著曲三十种。《太极奏》、《玉数珠》、《轩辕镜》、《莲花筏》、《吉庆图》、《飞龙凤》、《锦云裘》、《瑞霓罗》、《御雪豹》、《石麟镜》、《九莲灯》、《缨络会》、《赘神龙》、《万花楼》、《建皇图》、《乾坤啸》、《艳云亭》、《夺秋魁》、《万寿冠》、《朝阳凤》、《四奇观》、《清风寨》、《血影石》、《双和合》、《寿荣华》、《五代荣》、《宝昙月》、《牡丹图》、《渔家乐》、《一捧雪》。”《传奇汇考标目》著录其剧作三十五种，其中《虎囊弹》、《党人碑》为邱园所作；《元宵闹》或称为李素甫作；

《龙灯赚》、《照胆镜》为朱云从作;《快活三》为张大复作。汰去上述剧作,还有近三十种。据当今学者考证,朱良卿剧作(包括与人合作),当有三十七种之多。至今尚传者有《渔家乐》、《朝阳凤》、《艳云亭》、《乾坤啸》等十余种,尤以《渔家乐》一剧驰名,至今昆曲舞台上,尚演其中的《相梁》、《刺梁》等齣戏。

毕魏,字万侯,一作万后,《传奇汇考标目》称其名万侯,字晋卿,吴县人。以"姑苏第二狂"自号。作有传奇《红芍药》、《万人敌》、《杜鹃声》、《竹叶舟》、《呼卢报》、《三报恩》等六种,以末一种最为知名。其剧作得到晚明大文学家冯梦龙(1574—1646)赏识,他在明崇祯壬午所写《〈三报恩〉序》中,称赞其"年甫弱冠,有此奇才异识,将来岂可量哉?"并称他为"滑稽馆万后氏",知其书室榜名滑稽馆,处世态度可见一斑。壬午,即明崇祯十五年(1642)。本年,毕魏始二十岁,知其生于明天启三年(1623)。当时,冯梦龙已六十九岁,故视万后为后生。以一年近古稀、满腹才学之老人,竟然对一毛头小子交口赞誉,殊为难得,万后之才情可想而知。

李玉所结交的另一剧作家叶雉斐,字美章,一作时章,吴县人。作有传奇《三击节》、《女开科》、《琥珀匙》、《英雄概》等八种,今存《琥珀匙》、《英雄概》二种。《琥珀匙》一剧,事据明末清初人余怀的《王翠翘传》改编,与青心才人《金云翘传》可以说是同一题材。不过,已将王翠翘改作陶佛奴,且情节作了极大改动。据焦循《剧说》卷三所引《茧瓮闲话》记载,原剧中有"庙堂中有衣冠禽兽,绿林中有救世菩提"诸语,雉斐因此而得罪官府,被捕入狱,几乎丢掉性命。"庙堂",太庙的明堂,帝王在此祭祀、议事，后用以指称朝廷。“绿林”，地名，在今湖北当阳东北。西汉末年，新市人王匡、王凤等人聚集绿林山，起兵造反。后借“绿林”指称那些聚众造反、对抗官府或打家劫舍的武装群体。这里却明言朝廷中有衣冠禽兽，而那些常常被诬为强盗的啸聚山林的绿林好汉，却被称作“救世菩提”，斗争矛头直指当时的最高统治者，自然是犯了大忌。但剧作敢于批判现实的战斗精神，恰在这些地方得以体现。当然，这句极富讽刺意味的话语，在今所流行的版本中，早已删除净尽。

李玉还有一好友张大复，名彝宣，字星期(一作心其)，号寒山子，苏州人。《曲海总目提要》卷二一《海潮音》一目，曾简略介绍其事迹说：“心其居阊门外寒山寺，自号寒山子，粗知书，好填词，不治生产，性淳朴，亦颇知释典。”知他是一个喜好读书的民间艺人，既精通音律，又涉猎佛经，且为人淳朴敦厚。所编《寒山堂新定九宫十三摄南曲谱》，戏曲文献采撷，就得力于友人不少。如《张资传》(即《鸳鸯灯》)以及明官钞本《子母冤家》，均是由李玉所提供。仅存十五龅的戏文《席雪餐毡忠节苏武传》以及前明内府官钞《唐伯亨》戏文，乃是由老曲师钮少雅处借来。同里曲家的密切合作，互通有无，由此可知。同时，他还编有《词格备考》、《南词便览》、《元词备考》以及杂著《梅花草堂笔记》(明崇祯刻清顺治修补印本)等。作有传奇二十五种，今有《醉菩提》、《如是观》、《金刚风》、《海潮音》等十三种。

张大复《梅花草堂笔谈》书影

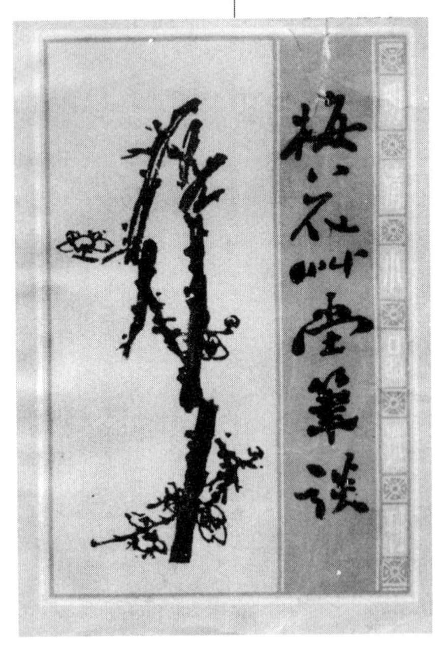

又创作杂剧六种。他的《醉菩提》，清陈味根辑《蔬香书馆纳时音》、清庆华编《霓裳文艺全谱》、李氏手录清稿本《莨臣氏雅集》、清阙名辑《梨园演曲》、清玩花主人《缀白裘》、楞林散人辑《曲谱》等，均收有此剧之单齣，影响十分广泛。

至于朱云从、盛际时、邱园诸剧作家，与李玉交往情况如何，因史料所限，难以得知底里，此暂从略。

由李玉的交游情况来看，诚如周贻白所判断的那样，这一类作家，“都是苏州或苏州附近的人，大多数都是没有赴过考试的布衣之士。他们虽然没有具体的组织，但彼此都有所往还，或共同撰作，或相互商讨”（《中国戏剧史长编》，第 370 页），形成了一个卓有影响的作家群体。其中，尤以李玉为杰出代表。

周贻白《中国戏剧史长编》书影

二、李玉剧作的主要类型

在中国戏曲史上，就创作数量而言，真正能与元代有“总编修师首，捻杂剧班头”之称的关汉卿相颉颃者，当数明末清初的著名传奇剧作家李玉。清代著名诗人吴伟业在《〈北词广正谱〉序》中，极力称道李玉“以十郎之才调，效耆卿之填词”。所谓“十郎”，是指唐代诗人李益(字君虞)。他在家族兄弟辈中，排行为十，故人称“十郎”。此人才气横溢，长为诗歌，与著名诗人李贺(字长吉)齐名。据说，李益每写出一诗，教坊乐伎都争着以重金购取，有的甚至成为供奉内廷的歌词。而“耆卿”，是宋代词人柳永的字。他好为通俗歌曲，每当一词脱手，迅即传遍酒肆歌楼，以至出现“凡有井水饮处，即能歌柳词”(宋·叶梦得《避暑录话》卷下)之说。吴伟业以李益、柳永比拟李玉，恰是从其在民间的影响力这一层面，充分肯定了他在戏曲创作方面的卓越成就，说明李玉的剧作贴近下层、贴近民众。李氏戏曲创作的内容甚为丰富，下面大致将其现存剧作分作五大类，分别论之：

(一) 社会时事剧

这里所说的社会时事剧，也就是以作者所生活时代的社会、政治现实为题材而创作的剧作。在当时来说，就是现代戏。在这类剧作中，当以《清忠谱》为代表。

《清忠谱》一剧，与明代传奇戏动辄四五十齣相比较，篇幅不算很长，分上、下卷，上卷十二折，下卷十三折，凡二十五折。这里的“折”，虽说是沿用的元杂剧分段的名称，但内涵是有差异的。元杂剧中的一折，相当于近世舞台上的一幕，可以包含许多场次。而此处的“折”，其实有同于“齣”，也就是戏曲情节发展的一个自然段落，相当于现代戏曲演出的一场戏。

本剧是根据明代末叶发生在苏州曾轰动一时的反抗阉党斗争的真人真事而创作，叙苏州周顺昌，字景文，号蓼洲，先后曾任福州理刑、吏部员外郎等职。他娶妻吴氏，生有四子。不论是出任地方官，还是在京师供职，都廉洁奉公，冰心独抱，虽为官多年，仍家贫如洗。此时，阉党魏忠贤把持朝政，残害忠良，网罗党羽，横行无忌。朝中忠臣杨涟、左光斗、万燝等，纷纷遭其暗算，令周顺昌义愤填膺，痛恨不已。他自身也遭受牵累，削职闲居，自是抑郁不平。闻知翰林修撰文震孟（字文起）被罢归，隐居竹坞别墅，便步行前往，借以一吐衷肠。当得悉魏阉株连蔓引、逮系忠良、缇骑四出、欺压百姓种种恶状，又悲愤满腔，恨恨不已。不久，太监李实奉命监管苏州税务来此，与应天巡抚毛一鹭计议，在虎丘山塘为魏忠贤建造生祠。书生陆万龄极力撺掇，充任管工堂长。此时，任吏科给事中的魏大中也被逮，由原籍浙江嘉善押往京师受审，当路经吴门。周顺昌得知好友音讯，便每日驾小舟往胥江守候，以当面作别。大中所乘船至胥门，顺昌不顾押解校尉阻止，也无

《清忠谱》连环画

视可能受牵累的危险，径登船与其共抒壮怀，斥骂魏阉。魏大中见众多同年好友知道自己被逮，无不畏祸深藏，独周顺昌不以生死介意，十分感动，并诉说临行时孙儿允柟牵衣痛哭之惨状。顺昌以己女许其孙为妻，以结百年之好。校尉见他竟敢与朝廷下令逮系的钦犯联姻，皆惊诧不已。

时隔不久，花费百万钱粮的魏忠贤生祠建成。如此祸乱朝纲的凶险之徒，竟然被无耻小人吹嘘为"一柱擎天"、"功留社稷"，在一片嘈杂声中，他们将魏阉像送入祠堂供奉。周顺昌特地赶来，当着魏阉干儿子毛一鹭及众太监的面，手指魏忠贤雕像大骂，"恨不得奋利刃，屠肠断颈"（第七折），然后愤然而去。回家后，身体倦怠，倚桌小憩，梦中径达殿庭，直至皇帝游乐之所的海子，面见帝控诉魏忠贤罪恶，并持笏板痛打魏阉。皇帝降旨，将魏绑到市曹斩首。顺昌在大笑中醒来，发现却是南柯一梦，心颇怏怏。时隔不久，周顺昌斥骂魏阉以及与魏大中联姻诸事，为魏忠贤所知，遂遣缇骑来苏州问罪。

杨涟画像

毛一鹭派中军往吴县县衙下达紧急公文，告知此事。陈知县与顺昌有师生之谊，乃趁着夜色飞马赶往林家巷周宅，将此事报知恩师。文震孟也来相告，劝周顺昌设法解脱困厄，但顺昌毫不介怀，视死如归，听凭校尉押解而去。

苏州百姓颜佩韦，性情刚直，粗豪知礼，路见不平，拔刀相助；一言不合，拍案而起。他曾在李王庙书场听艺人说《岳传》，闻知抗金名将韩世忠出生入死、累立战功，反被奸臣童贯诬为丧师辱国，以至上了镣杻，怒火顿起，遂踢翻书桌，大闹书场，的确是位血性男儿。其他几位市井百姓杨念如、周文元、马杰、沈扬诸人，仰慕其人品，与他结拜为兄弟。

周顺昌被逮，羁押西察院，“众百姓都抱不平，要去救他”（第十折）。颜佩韦、杨念如得知消息后，一方面令马杰、沈扬分头在阊、胥两门告知过往行人，一方面请草庵和尚敲梆聚众，同往西察院请愿。书生王节、刘羽仪也参与其事，请学堂中朋友前来，写辩呈申诉。李太监等人误以为周顺昌曾供职吏部，家中必定富有，故捏造此案，欲敲诈白银万两，不料顺昌为官清廉，竟然连一个钱也没有搜刮到，便大失所望，遂痛打县衙差役以泄愤。此时，西察院门前人声鼎沸，喊声震天。百姓塞巷填街，执香号乞，呼吁官府放人，甚至愿以身替代。苏州寇知府、吴县陈知县目睹此状，无可奈何。抚台毛一鹭被迫出见，但无视民怨沸腾，却一味敷衍，又以欺骗手段，让周顺昌出面安抚，而扣留递辩呈之人，扬言一并解京斩首。众百姓得知就里，齐集辕门，团团围住，决不离去。差官挥刀恫吓，激怒了颜佩韦等人。他们率众闯入辕门，“打进打出三次”（第十一折），杀死校尉。官吏见状，四处奔逃。

京师差官担心再生变故，便趁夜色未尽，将周顺昌押上船，解往京城。嘉兴朱祖文（号完天），曾蒙顺昌照拂，感念不忘，就暗中一路护送。顺昌子茂兰寻找父亲不得，遂追至无锡，不顾校尉拦阻，跳上船与父亲相见。又见救父无望，欲投江自尽，为朱祖文所救，二人结伴徒步赴京。而苏州府奉命差遣捕快，先后将马杰、沈扬、周文元、颜佩

韦、杨念如等五人逮入狱。魏忠贤阴狠歹毒，亲勘东林一案，杨涟、左光斗惨遭酷刑，先后身亡。魏大中遍体鳞伤，呜咽气绝。周顺昌受审，历数魏阉“欺君虐民，残害忠良”（第十五折）之罪，并挥动枷杻将陪审官倪文焕、许显纯二阉党痛打，致其鼻梁折断。直至牙齿被敲断，顺昌仍含血喷奸臣之面，顽强抗争，宁死不屈，幸而通政司徐如珂及侍御顾宗孟、范景文、鹿善继、孙奇逢诸公从中周旋，始得缓死。

茂兰躲过缇骑暗害，潜入京师，改名换姓，刺血作书，击登闻鼓代父申冤。徐如珂接受血书，俟机代为转呈。又允茂兰之请，冒着风险，令他前往探监，与其父一见。恰于此时，魏阉所派差官以查监为名，径入监房，以布囊套顺昌之头，将其活活勒死。茂兰拼命上前抢救，无助于事，悲痛欲绝，幸狱中禁子等相助，始得逃出，并向朱祖文哭诉其父死时之惨状。颜佩韦等五人，被诬作乱民，斩首示众。周茂兰将父之灵柩暂寄僧舍，匆忙归家，遵照父亲临终遗言，与母商议，其妹由颜佩韦母陪伴，乘小船往嘉善与魏公子完婚。

颜佩韦等死后，化作厉鬼，欲赴京寻魏阉复仇。周顺昌幽魂不散，回归故里，与他们邂逅于中途。此时，天曹神仙前来颁旨，封顺昌为应天城隍，佩韦等人为五方功曹。未几，天启帝驾崩，新帝登基，起用东林党人，魏忠贤被发去守皇陵，自缢于涿州旅店，一时树倒猢狲散。毛一鹭被抄家、监禁。数以万计的苏州百姓闻知此事，分别扛起锄头等家伙，奔赴虎丘十里山塘，拆毁魏阉生祠。他们扯起粗大的绳索，齐声喝号，将牌坊拉倒，并把魏阉雕像砸得粉碎，好不快意。颜佩韦等人的尸身，为本地乡绅合葬半塘，题作“五人之墓”，石坊上镌刻有“义风千古”四个大字。文震孟应召即将赴京任职，临行，特来墓前祭拜，当地百姓也提着魏阉雕像头颅以祭义士。魏忠贤党羽倪文焕、许显纯俱受严惩。周家荣封三代，茂兰荫中书舍人，赴京纂修国史。

本剧据晚明史事创作而成，事本《明史》相关人物传记及其他文献。如周顺昌事，见《明史》卷二四五，记载其事较详。大意说，顺昌在任福州推官时，曾捕治管税务太监高宷的爪牙，毫不含糊。任吏部稽勋主事等官，清廉自持，力杜请托，拒不受贿，两袖清风。剧中写他“司李破税珰之胆，闽海冰条；秉铨却暮夜之金，吴门铁面”(第一折)，即以此为据。“司李”，即司理，乃理刑之官。在古代，“李”与“理”通，“理”，即治的意思。“税珰”，即税监。《汉书·宦者传》记载，秦汉时，中常所戴冠，参照士人样式，皆银珰左貂。明帝改作金珰右貂，皆用阉人担任。“却暮夜之金”，用《后汉书·杨震传》中典故。说杨震迁官，路经昌邑，他有一位任昌邑县令的学生叫王密，夜间赶来相见，想赠以重金，为杨震严词拒绝。可见，这类描写是符合史书记载的。

周顺昌画像

《明史》本传还记载，魏大中为魏阉诬陷被逮，路经苏州，周顺昌闻知，前往饯行，与他同住了三天，并将女儿许给其孙为妻。押解校尉催促赶路，顺昌怒目而视，斥责道：“你还不知道世间尚有不怕死的男子呢，你回去告诉那魏忠贤，就说我是吏部周顺昌！”因指着魏阉的名字，骂不绝口，为魏忠贤所

忌恨。御史倪文焕乃魏阉义子，遂将此锻炼成狱。魏忠贤矫旨将周顺昌官位削夺，而顺昌有德于乡人，乡间有冤屈或关乎百姓利益之事，即前往官府陈说，所以苏州士民都对他甚为感激，一旦得知顺昌被逮，“众咸愤怒，号冤者塞道。至开读日，不期而集者数万人，咸执香为周吏部乞命。”(《明史·周顺昌传》)。书生们纷纷请愿，要求当道将民情上达。旗尉以魏阉权势相压，更激起民怨，“蜂拥大呼，势如山崩。旗尉东西窜，众纵横殴击，毙一人，余负重伤，spring垣走”(《明史·周顺昌传》)。应天巡抚毛一鹭、巡按御史徐吉，被吓得心惊胆战，不敢出一语。周顺昌被逮，阉党许显纯捏造罪名，五日一严刑拷打。每受刑，顺昌必大骂魏阉。牙齿被许敲落，乃血唾其面，更厉声斥骂。许乃趁夜深人静，将周杀害。

夏允彝《幸存录》还记载，诸忠良遭阉党迫害，惨绝一时，而名高千古。周顺昌其人，一生清白，独立无党。当魏大中盛时，顺昌未曾与之交往。见大中被逮，路经吴门，那些与魏有交者皆四下散去。巡抚毛一鹭历来对大中很是恭敬，到了这时，却不与大中通一语，避之唯恐不及。顺昌愤恨非常，便将己女嫁大中孙。后纵受酷刑，仍痛骂魏阉不已，志坚如铁，宁折不弯。故此书极力称道周顺昌，“此真铁汉也!”(《明季稗史初编》)

至于剧中稍稍叙及的阉党人物许显纯，文献也有记载。《明史》卷三四六《许显纯传》载曰：许性残酷，频兴大狱，杨涟、左光斗、周顺昌、黄尊素、王之寀、夏之令等官吏，皆死其手。每当审理，魏阉必派人坐其身后。若此人不至，许袖手不敢问。

剧中所写朱祖文，《明史》也收有其人，称他于周顺昌被逮后,抄小道抵京,照顾顺昌饮食汤药。魏阉诬顺昌赃款,逼令偿还。祖文奔走京师诸公间,代为借贷。周身死,他也哀恸发病身亡。周茂兰是顺昌长子,曾刺血上疏,诣阙诉冤。与剧中所叙略有不同的是,茂兰并未接受荫叙之官,后隐居不仕。其他所写如左通政徐如珂、苏松按院徐吉、文选郎中范景文、兵部主事鹿善继、名士孙奇逢等,皆史有其人。不过,范景文虽不附阉党,也不附东林,孤立行意,洁身自好,谢病归里,并未参与营救周顺昌之事。鹿善继与周顺昌为同年生,顺昌陷狱,善继凑集了数百两银子营救,但银入而顺昌身亡。善继父鹿正,以气节为乡里所称,人以"鹿太公"呼之。太公急人之难,虽倾家荡产,亦在所不惜。杨涟、左光斗之狱起,魏大中之子学洢、左光斗之弟光明,先后投靠鹿家,太公与容城举人孙奇逢计议营救,但未遂所愿。可见,剧中所写,大都有史实依据。

至于颜佩韦等五人之壮举,则发生在天启七年(1627)三月。张溥《五人墓碑记》详载其事,称周顺昌被逮,哭声震天动地。当负责押解的校尉大声呵斥时,众人怒不可遏,将其打倒在地。毛一鹭吓得躲入厕所,才逃过一劫。颜佩韦等五人临刑依然意气盎然,大骂毛一鹭不已,激昂大义,蹈死不顾,慷慨赴难,悲烈千秋。事也为剧作所采。

五人之墓

剧中所叙堂长陆万龄,乃史有其人。明吏部考功员外郎夏允彝,在《幸存录》中记载道:为魏忠贤请立生祠,种

种丑言恶行，令人作呕。最甚者为太学陆万龄，竟然将魏阉忠贤与圣贤孔子作比，说孔子作《春秋》而忠贤定三案（按：指“梃击案”、“红丸案”、“移宫案”），孔子诛少正卯而忠贤斥退东林，故请将魏阉供奉于学校。《明史·阎鸣泰传》谓：“其尤甚者监生陆万龄，谓孔子作《春秋》、忠贤作《要典》，孔子诛少正卯、忠贤诛东林，宜建祠国学西，与先圣并尊。司业朱之俊辄为举行，会熹宗崩乃止。”《明史纪事本末》卷七一也曾记载：天启七年（1627）“五月，监生陆万龄请建魏忠贤祠于国学之旁，谓孔子作《春秋》而忠贤作《要典》，孔子诛少正卯而忠贤诛东林，许之。”各家所载文字，大致相同，可见此事在当时的确曾发生。这一陆氏小人，竟然将阉党硕魁与圣人孔子相比并，真乃无耻至极。剧作因情节的需要，不可能详叙其事，但所写乃本之史实，则是毋庸置疑的。

褚人获《坚瓠集》书影

剧中所写颜佩韦大闹书场事，也似有所依据。据《坚瓠集》八集卷四“政任福州”条所载，有伶人搬演岳飞故事，当演到秦桧与妻子在东窗下设计谋害岳飞之事时，周顺昌怒火中烧，情难自抑，当场令人捽住那一扮演秦桧的演员揍了一顿，然后拂袖而去，使在场者皆十分惊愕。在元、明之时，写岳飞故事的戏曲，较著名的有元代孔文卿的《东窗事犯》杂剧以及明人所作《岳飞破虏东窗记》。据《坚瓠集》所载推测，当为后者。《坚瓠集》的作者褚人获，生于明崇祯八年（1635），一直到清康熙末年尚在世。生活的年代去周顺昌不远，且又是苏州人，所言或有据。而《一捧雪》剧作，将此事归于颜佩韦，以突出其性格粗豪的一面。

李玉另有一剧《万民安》，已佚，但据《曲海总目提要》（卷一六）所载，也为时事剧。大意谓：苏州人葛成，乃是机户所雇的织布工匠，三十余岁，娶妻曹氏，已病故，遗一子嗷嗷待哺。邻舍韩婆婆，丈夫在时曾领内府官价，织造绸绢等物，因吏役层层盘剥而欠下官府债务。虽说闻知朝廷已经豁免，但官府仍纠缠不休。有两名京师所派差役来苏州，要抢其女儿云娘抵债。葛成闻知此事，取出早年积蓄代为偿付，使云娘得救。韩婆婆执意送女儿为葛续弦，被一口回绝。后经人说合，其幼子交韩抚养。保定书生房壮丽赴礼闱落第，以事来苏州，韩婆婆将云娘嫁房生为妾，以三十金还葛成，又被回绝。韩母女感激万分。商贩郑尚甫，年逾七旬，曾娶当地沈氏女为妾，得知葛成仗义疏财，为人忠厚，子幼尚无人抚育，便将沈氏送成为妻，并赠白银百两。葛成谢绝好意，令沈母将女儿领回，银两也一并送还。沈氏出家阳澄湖一尼庵，感念葛成恩德，代成养其子。

此时，税司黄建节来苏州，滥征各项税银。苏州六门，皆有其所派差役对过往行人逐个征收。肩挑步行，各色店铺，机坊商户，无一幸免，见货便抽取赋税。其爪牙徐怡春等，把持水陆要道，拦截各路乡民，苛取暴敛，搞得人心惶惶，民不聊生。满城百姓，相约罢市，聚集在城内玄妙观中，喊声震天，对税监及棍徒憎恨不已，并共同推举葛成为首，反抗欺压百姓、横征暴敛的黄建节等税吏。这时，恰巧有一名叫满腊梨的小伙，以卖瓜为生，遭到恶棍的欺侮，瓜被抢走，因此在路上大哭。葛成甚

为不平，一挥芭蕉扇，万众聚集。在将要出葑门时，恰巧遇见有一恶棍看到芭蕉扇要征税，葛成出语顶撞，结果被捉住去见吏役徐成，准备送到黄建节处枷号示众。众人大怒，扒去徐成衣服投入水中，并火烧黄建节衙署，挥拳将他击毙，投入火内。大火自初六至初九，连续焚烧三昼夜。知府朱燮元、知县邓云霄极力排解，众人仍不愿散去。当时，指挥杨某代理游击之职，镇守东城，立即禀报巡抚，欲以乱民治之。葛成怕连累他人，乃挺身而出。知府朱燮元闻知葛成之为人，愿出力保护，并改其名为葛贤。而苏松兵备道邹墀奉命审问此事，欲以聚众倡乱之罪严惩葛成。刑房毕成名极力援救，文士张献翼又率领众秀才出面声援，然无济于事，葛最终还是被判死罪。

沈女出家后，取法名静真，得知此事，同母亲前来探监。葛成以子相托，嘱其认以为子，取名郑天祐，以防官府加害。葛成被绑赴市曹，即将处斩，忽然发生地震，只得暂缓行刑，回监羁押。房壮丽进士及第，历任河南道御史，奉命巡按苏松。妾云娘以葛成事相托，满腊梨也写诉状代为申冤。静真得知此事，悲感交集，并将实情告知天祐。天祐年已十三，遂奔狱探父，并赴按院诉冤。腊梨则陪随左右，一力相助。万历四十一年(1613)，房壮丽乘舟前来，抵浒墅关，天祐跳入水中以呈控词。壮丽接状，并见地方官审判结论中有“一人倡义，万民安枕”之语，遂代为申辩，将葛成释放回家。松江隐士陈继儒，将葛邀至佘山居住。百姓为他建生祠于玄妙观中，以“葛将军”称之。

剧中所叙朱燮元、房壮丽、张献翼、陈继儒等，皆史有其人。房壮丽，直隶安州（今河北安新）人。万历二十三年（1595）进士，《明史》无传。《列朝诗集》、《明诗综》皆未收其人。但《明史·孙丕扬传》，则明言御史房壮丽与刘国缙、乔应甲、赵继芳等十余人，一力排陷东林志士，与宣党汤宾尹、昆党顾天埈声势相倚，同为魏忠贤所网罗。而剧叙房壮丽代葛成辩冤，或另有所本。张献翼，字幼于，更名敉，苏州人，乃戏曲家张凤翼（字伯起）之弟。与弟燕翼（字叔贻）并有文名，时以“三张”称之。据钱谦益《列朝诗集》载，张献翼因与王穉登（字百谷）争名不能胜，便颓然自放，有时穿紫衣挟歌姬，招摇过市；有时赤脚乞讨于通都大邑。他与张孝资关系密切，二人形影不离，或歌或哭。剧中写他醉后穿女人衣服及大红方巾、花纸道袍，皆有所据。邓云霄，乃东莞人。万历戊戌（二十六年，1598）进士，除长洲知县。著有《百花洲集》等。事见朱彝尊《明诗综》。剧中所叙，与此相符。至于苏松兵备道邹墀，亦非凭空杜撰，历史上也确有其人。《（万历）常州府志》卷一〇载有其小传，谓：“邹墀，字胡卿，余姚人。进士。隆、庆间任岂弟之政，水蘖之操，仕至广西布政。”葛成被陈继儒请至家中之事，也有据可查。陈继儒乃松江隐士，居佘山精舍。文士宋懋澄与陈为好友，曾在陈宅遇到过葛成，当时他正在读法律方面的书籍。见《九籥集》别集卷四《葛道人传》。

至于葛成之事，宋懋澄《葛道人传》所载尤详，谓葛成乃江苏昆山人。万历辛丑（二十九年，1601）南方出现灾害，苏州一带税收日减，官府派人前来核查漏税、偷税情况。江、浙一带由太监孙隆掌管。时有参随黄建节，因与吴中无赖汤莘、徐成等二十余人有交往，故借上司核税之

名，趁机前来勒索钱财，无货不征税。苏州六个城门、三道水关，皆分别派人把守。乡间所织丝绸，非经同意不得发售，这当然遭到苏州百姓的强烈反对。他们于六月初三日齐聚玄妙观，为首者六十人，次日不呼而至者达万人。众百姓寻访黄建节所在，一直寻到觅渡桥，见黄正坐在交椅上指挥阻截贩运的过往船只。众人万声同呼，抛石块砸中黄建节的脑袋，又杀死徐成等帮凶，还火烧了汤莘等家。他们手里没有兵器，赤手空拳往来，见赃官恶棍就讨伐，市民欢声如雷。地方官多方追究为首者，一无所得。而百姓围聚在一起，无一人散去。到了第八天，突然来一壮汉，光着膀子，手摇芭蕉扇，从人群中走出，自愿承担此罪名，令苏州知府等人惊愕不已。这人便是葛成。其实，事起之时，葛还在昆山。到了第七天，才同兄长一起赶来看热闹，是为义所激才挺身担当的。他身陷囹圄后，遭到毒打，几乎丧命。苏州百姓感其义，无不痛哭流涕，尊称其为“葛将军”。名士张献翼，率领士民作文生祭，当时就有人作《芭蕉扇》以记其事。该文还记载，葛成出狱后，尚未娶妻，有人以爱妾相赠。他将此女送还其父母家。剧中所述，基本与史实相合。

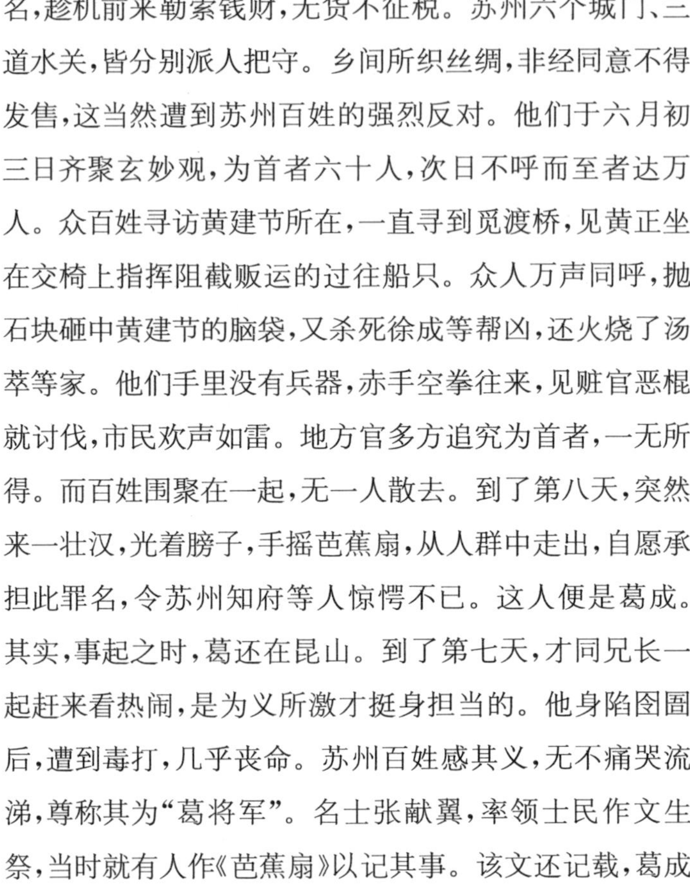

葛成墓

又据《定陵志略》，大意是说，万历二十九年（1601）六月，“苏州民变。时苏杭织造太监孙隆兼管税务，无赖尽投入其幕，奉札委，称税官。苏城六门，门各立税；只鸡束菜，咸不得免；民不聊生，汹汹思乱。本月初六日，忽有二十七人蓬头跣足，衣白布短衫，手各持一芭蕉扇，遍走诸税官家，焚毁其室庐长物，执其人榜之通衢，无不立毙。虽止二十七人，所至如风雨，人莫撄其锋；即高墙峻宇，首者执扇一挥，诸人皆立跃而上”。继而，又奔往另一税官家，如此大闹三日，把祸乱一方的税官清除殆尽。到了第四天，苏州六门各有榜文，云：“税官肆虐，民不堪命。我等倡义，为民除害。今事已大定，四方居民，各安生理，毋得藉口生乱。”到了第五日，官府开始通缉为乱者，葛贤挺身而出，以一人应罪，被判死刑。后遇到赦免，放归，过了三十年其人尚存。藉此，我们大致可以知晓此次苏州民变始末。这为了解《万民安》一剧的情节结撰、材料剪裁提供了史实依据。

其实，李玉戏曲创作对现实人生的取材，并未停留在主干情节的构架这一层面，即使是细微末节，也不忘对当代现实的折射。如《清忠谱》第十九折，周夫人登场后对女儿所说的一段话：“自你爹爹被逮，虑切覆巢，你哥哥又舍命入京，更愁祸起不测。近日忽传有屠城之旨，邻里惊惶，纷纷逃窜，因此和你暂避入乡。”苏州民变，史籍未见有“屠城”之说，这显然是影射清初史实。

“屠城”之事，最初发生在扬州。清世祖顺治元年(1644)十月，命豫亲王多铎为定国大将军，统兵征讨江南。至次年四月中旬，率军渡江。十九日，兵围扬州，以炮轰城。城陷，史可法为清兵所获，面对多铎高官厚禄的诱降，他严词拒绝，声称：“吾头可断，身不可屈”、“城亡与亡，我意已决，即碎尸万段，甘之如饴!”遂慷慨赴死。自四月二十五日起至五月初五日止，清兵对扬州屠戮十日，遇害者十余万人。“乱尸山叠，血流成渠”。“或父呼子，或夫觅妻”，“百口交啼，哀鸣动地”，“惨不忍闻”（清·王秀楚《扬州十日记》）。

而“嘉定三屠”，则发生在顺治二年（1645）六、七月间。闰六月中旬，清军再下剃发令，所谓“留头不留发，留发不留头”是也。这遭到江南百姓的强烈反对，其中尤以嘉定为最。当地人民在士绅黄淳耀、侯峒曾的带领下，高举“嘉定恢剿义师”的大旗，在孤立无援的情况下，自闰六月十九日至七月四日城破，坚守城门十余日，无一人投降。清军忿而屠城。未过多久，江东人朱瑛重新聚集流亡居民，武装抗清，占领嘉定。旋败，嘉定再遭屠戮。八月十六日，明将吴之藩起兵，反攻嘉定，全军覆没，嘉定第三次被屠城。史称“嘉定三屠”，遇害百姓达数万人。屠城带来的创伤十分惨重。三年后，吕留良路经此处，感慨万千，留下《乱后过嘉兴》诗三首，其一谓：“滋地三年别，浑如未识时。路穿台榭础，井汲髑髅泥。生面频惊看，乡音易受欺。烽烟一怅望，洒泪独题诗。”其三曰：“间有生还者，无从问故宫。残魂明夜火，老眼湿秋风。粉黛青苔里，亲朋白骨中。新来邻里别，只说破城功。”（清·吕留良《吕晚村诗》）《清忠谱》的创作，较《一捧雪》、《占花魁》、《眉山秀》稍迟，但也成书于顺治年间，今有清顺治间刊本传世。而历史上影响较大的几次屠城，主要发生在顺治元年及顺治二年。作者写此剧时，南方一带遭受清兵屠戮的惨景还恍然在目，这很容易唤起人们的民族情感。以当代人写当代事，没有一定的胆量与气魄，是决不敢如此为时事传真写照的！

《万里圆》一剧，借晚明殉国忠臣史可法之口，描绘出

“劫火烧残，罡风吹黑，剩得东南徒半壁”（第三齣）这一江山破败之惨景，以及“臣民悲痛，士女哀号”（第三齣）之类故土沦丧的悲鸣。并声称：“九庙虽尔丘墟，一旅犹堪恢复。整顿三百年社稷，慰安十五祖英灵”（第三齣），似乎带有“遗民忍死望恢复，几处今宵垂泪痕”（宋·陆游《关山月》）之意。在当时来说，这样的话语对易代之际的新政权无疑带有强烈的刺激性。又如第五齣，由黄孔昭之口道出：“近日纷纷传言清兵南渡，若如此，则云南亦非安壤之地矣。”则明言清兵挥师南下，直接威胁到百姓生活的和谐安定。第十齣，叙逃难老兵返乡，途经姚安府，欲往人家借宿时的一段对话：

（外）我倒忘了，你从南京到浙江，可曾到苏州经过么？（净）咱的不到？

【五供养】那姑苏曾到。（外）什么时候到的？（净）其年时待我想来。吓，是乙酉年闰六月，阿呀，好热天！（外）那里可太平么？（净）太平么？唔！（唱）正值炎天喊杀声高。（外）为甚么杀起来？（净）清朝官府坐了苏州，那些百姓一个个投顺了就罢了吓！（唱）谁想湖内多烽起，城外也焚烧。（外）那些官府怎么样？（净）恼了清朝官府，（唱）把六门闭了，发兵马摧枯拉草。（外）那些湖中人可曾剿？（净）那些湖中人多是没用的，使的家伙多是木枪木棒，被清朝兵马一杀杀出来，是（唱）纷纷都解散、尽潜逃。（白）只是可怜坏了城外百姓，（唱）池鱼林木祸奇遭！（外）怎么坏了城外百姓？（净）清朝官府只道城外百姓作反，发出兵马，不管好歹，烧杀砍杀，惨不可言！

(外)是那带呢?

【江水儿】(净)堪叹金阊外,不分玉石淆。……

(净)咳,那里什么传闻?我在苏州准准住了十天。

(唱)吓!我是眼见睁睁,岂是虚言相告?

所谓“乙酉年闰六月”,即指顺治二年(1645)。六月,清兵攻占苏州。闰六月初一,清兵攻江阴城不克,聚兵十万将城包围。闰六月十一日,在籍官员徐汧,见苏州失守,说道:“郡城非吾土也,我何家之有?”(清·徐鼒《小腆纪传》卷一七“列传第十”)遂投虎丘新塘桥下身亡。中书舍人文震亨,乃文震孟之弟,闻薙发令下,投河死。秀才顾所受,面临危难,赋诗道:“身是明朝老布衣,眼前世界不胜悲。从容死向宫墙地,免使忠魂弃浊渠。”(清·徐鼒《小腆纪传》卷四九“列传第四十二”)乃自缢学宫,遇救,仍赴水死。此前,明吴县生员陆世钥、沈自炳、沈自駉起兵太湖。明职方主事吴昜(字日生)、举人孙兆奎起兵长白荡,出没五湖三泖间。明总兵李某、秀才任源邃等起兵太湖。各地武装虽说屡挫清兵,但怎奈寡不敌众,先后败亡。上引这段话看起来似一笔带过,其实,则包蕴进一段复杂的史实,也流露出作者对抗清义军作战能力的失望之情。

《嘉定屠城纪略》书影

又如《千钟禄》,虽说追述的是一段历史往事,写燕王起兵、建文逊国之惨剧,但燕王朱棣登基前后大肆屠戮忠臣义士的罪恶行径,又与清兵挥师南下、血腥镇压江南百姓的行为有某些近似之处。如该剧第十齣《惨睹》所描绘的

"颈血溅干将，尸骸零落，暴露堪伤。又首级纷纷，驱驰枭示他方"(【刷子芙蓉】)、"凄凉，叹魂魄空飘天际，叹骸骨谁埋土壤"(【刷子芙蓉】)、"裂肝肠，痛诛夷盈朝丧亡。郊野血汤汤。好头颅如山车载奔忙。又不是逆朱温清流被祸，早做了暴嬴秦儒类遭殃"(【锦芙蓉】)、"家抄命丧资倾荡，害妻孥徙他乡"(【雁芙蓉】)、"叹匹妇、终作沟渠抛漾"(【雁芙蓉】)，此等带有浓烈愤激感情的语言，若在屠城之事发生不久的清初搬演，接受群体中悄然升腾而起的那种强烈共鸣，自然可以想见。

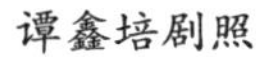

谭鑫培剧照

《清忠谱》一剧，对后世戏曲曾产生很大影响。该剧中除《书闹》、《拉众》、《鞭差》、《打尉》等龆流行于当时昆腔舞台外，后来还被京剧改编为《五人义》(一名《反苏州》)而时常演出。晚清名伶谭鑫培、杨小楼等，均曾演出该剧。《万里圆》中的《跌雪》、《三溪》、《打差》等龆，为《缀白裘》收录，有的至今尚在演出。

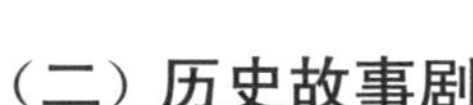

（二）历史故事剧

李玉的戏曲作品，除时事剧外，还有一些以历史故事为题材的剧作，如《麒麟阁》、《牛头山》、《风云会》、《千忠戮》、《连城璧》、《两须眉》等，皆是。在他的现存剧作中，所占分量较重，是值得注意的一个文学现象。

《麒麟阁》一剧，分第一本和第二本，每本又分上、下卷，第一本三十三龆，第二本二十八龆，凡六十一龆，是李玉现存作品中篇幅最长的一部剧作，且体制和明、清传奇略有不同。按照传奇剧写作的惯例，第一龆为副末开场

(或称“开场”、“开场家门”、“家门大意”等),而本剧的第一齣为《降凡》,叙玉帝差遣紫微星等仙人下凡,以掌御山河、安邦定国,而将“开场”放在第二齣,这在明、清传奇创作史上,是极为罕见的。

剧叙山东济州历城县人秦琼(字叔宝),乃将门之后,武艺高强,志在将相。他由友人樊建威引荐,在济州府衙作都头,押解军犯去潞州。临行,结拜兄弟尤俊达前来送行,家住斑鸠店靠卖柴扒为生的程咬金,也闻讯赶来。秦琼赠给程咬金十两纹银,以安顿其生活。俊达则接咬金同住,以便照顾。

时值隋末,晋王杨广居功自傲,遣心腹宇文述等结交近侍,散布流言,致使其兄杨勇被废除太子之位,而由已代之。因唐公李渊苦谏废立一事,遭杨广忌恨,遂在临潼山楂树岗设下埋伏,欲在其赴太原留守任之中途截杀。杨广等扮作绿林草寇欲暗害李渊,恰秦琼经此,挥动双锏搭救,使李渊得脱危难。李渊心存感激,欲为他建生祠香火供养,以报救命之恩。归途,李渊误杀潞州二贤庄商贩单雄忠。其弟雄信性如烈火,闻知此事,恨恨不已。

副末开场

京兆三原人徐勣(字茂公),寻访天下英雄,经潞州,为单雄信热情款待,寄宿东岳观中。秦琼投宿潞州酒店,因无钱付房费,被店家轻贱,只得卖坐骑黄骠马以偿债。单雄信以五十两银子买下此马,并另赠银十两权充盘缠。秦琼因处落魄之中,无颜以真姓名相报。他还清债务,匆忙踏上归途，不料又感染风寒，病倒在东岳观中，得与徐勣相识。恰单雄信来访，始道破就里，知卖马者即秦叔宝，遂各叙寒温。秦琼临行，单雄信将黄骠马送还，并私赠许多银两藏于被褥内。当秦琼投宿皂角林酒店时，为开店的潞州捕快张奇误认作剪径的强盗，以致发生殴斗，伤奇身死，惹下人命官司。潞州刺史蔡清，不问青红皂白，将秦琼问成死罪，金锏、钱物入库，行李、马匹入官。解差童环，素与单雄信交好，匆忙前往告知。单雄信遂请徐勣拟状申诉，扮作秦琼兄弟，化名秦瑶，去新任军门袁天罡处申冤，秦琼被免死，充军幽州，由童环押解，一路多得其照拂。行至顺义，幽州总管罗艺新得一好汉名史大奈，身长一丈，腰大十围，力举千斤，拳棒皆精，特设擂台于此，令徐勣之友、总管府中军张璧（字公瑾）监押坐镇，欲打尽天下英雄。三月以来，未逢对手。史大奈洋洋得意，秦琼至此，登台打擂，将其挫败，赢得“天下第一好汉”之誉。

至幽州城，幸有尉迟南、尉迟北兄弟，好汉薛彪，杜氏四杰等，皆对秦琼照顾有加。然凡来此军犯，均须打一百杀威棒，无一人能幸免。众人为此而犯愁。秦琼打擂取胜之事，为罗艺之子罗成闻知，遂告知其父。罗艺大为称奇，恰值其妻秦氏寿诞，遂召琼入见，问知姓氏、乡贯，始知打擂者乃其内侄，于是开脱其罪名，姑侄始得相认。秦琼教表弟罗成锏技，罗成教秦琼罗家枪法，武艺各有长进。

“秦琼镇宅”剪纸

秦母六十寿辰将至，秦琼辞别姑母诸人回乡探亲。临行，罗艺命秦琼捎书一封，投寄济南节度使唐璧，请他对内侄加以关照。为贺秦母大寿，天下英雄纷纷奔赴济州。唐公李渊感念秦琼临潼山相救之恩，特遣女婿柴绍前来，送白银六千两为贺。程咬金、尤俊达拦路劫持，双方发生争斗，幸而徐勣、单雄信、张璧等赶来，讲明就里，始知同为江湖朋友，遂握手言欢。王伯当、齐国远二人，也随即赶到。祝寿宴上，众英雄当场结拜，以图大事。

因有罗艺荐书在先，秦琼得任唐节度使帐下旗牌官。元宵节将至，适逢越公杨素生日，特发批文，差秦琼前往东京，送珠玉珍宝等贺礼。尤俊达、罗成等人，纷纷要同去东京观赏花灯，便私自将批文中“一”字先改作“三”字、又改作“五”字，秦琼见状，无可奈何，只得应允。事为越公府中参谋李靖看破，令其兄弟不必看灯，速离京城。不料，齐国远、程咬金、尤俊达、罗成等人不听劝告，径往长街观灯。有一陆氏，应住于西城的妹妹之约，偕女王婉儿前往观灯。许国公之子宇文成德，乃花花公子，带仆从也来看灯，且寻访美女。见王婉儿貌美，欲抢来做亲。罗成、程咬金等人，闻听呼救声，知是奸邪横行，蔑视王法，公然抢亲，遂怒不可遏，便扮作闹社火跳五鬼者，趁乱混入许国公府，冲进内室，打死花花公子及家中恶仆数人，救出王婉儿，交与其母，令其速逃。罗成等英雄，逃过官兵追杀，躲入李靖寓所。王叔杨林奉旨统领三万铁骑，满城搜索，各城门也严加盘查。次早，李靖出城围猎，令罗成等五人乔装成家人模样，混出城去，欲往金墉城投靠魏公李密。

青齐王杨林，武艺高强，力敌万军，麾下有十二太保，皆如狼似虎，身手非凡。此时，他为新帝登基特备下贺礼，并征聘好汉秦琼一起护送，并授以虎翼将军之号，料万无一失。程咬金、尤俊达闻知杨林押解数万两银子入京，乃预先埋伏丛林之中，中途打劫，因酒醉气力不济，反为杨林所擒。他们托名程达、尤金，被押赴军前。秦琼闻讯而至，乞杨林暂缓行刑，将二人押赴济州。至济州，程、尤越狱逃走，王伯当、李密、罗士信等积极回应，焚烧仓库，截杀官兵，大反山东，齐聚瓦岗寨。杨林迁怒于秦琼，欲将其处斩，歌姬张紫烟得知此事，女扮男装，迅即来报，令秦琼速逃出潼关，并自刎以坚其去意。杨林等纵马来追，形势危急，幸而程咬金等前来接应，始得脱险境，直奔瓦岗寨而去。因程咬金能祭起落地之帅旗，被推举为寨主，号混世魔王，好不快意。

此时，杨林命大将东方旺在泗水关竖立百尺铜旗，令天下英雄前往拔取，但世人慑于其威势，无一人敢去。其实，旗端装有大斗，内藏善射者四名，近旗者即发暗箭射死。金墉城魏公李密，不知是杨林所设圈套，闻知秦琼力大无穷，特下书程咬金，求其派遣秦琼前往。此时，隋炀帝游幸江都，荒淫无度，民怨沸腾，动乱四起。李密兴兵打破界牌关、荥阳关、虹霓寨、临阳关，自立为王。窦建德于漳南称夏王，梁师都称帝于延安，刘光守在武州称燕王，李渊起兵于太原。杨林无奈，遂下书求罗艺派兵前来保关护旗，罗成奉命前往。秦琼至泗水关，挥动双锏，击下铜斗，跌死神箭手，倒了铜旗。东方旺前来追杀，幸罗成出阵相救，杀死东方旺，救秦琼脱险，大破金锁阵。事为罗艺所知，见儿子犯下弥天大罪，喝令绑起斩首，众将官央求不允，秦氏出面求情也遭严拒。

陆氏、王婉儿母女流落幽州，寻访恩人下落，当得知罗成即将被处死的消息时，大为惊慌，匆即赶去。恰沙陀国公主靖璇飞，奉调率五千人马往江都护驾，路经幽州，婉儿母女拦街哭诉衷情。公主大为罗成英雄气概所感动，迅即赶往法场，将罗救下，并赠以铠甲、坐骑、银两，令其速逃。罗成行前，将婉儿母女交其母秦氏照管，匆即逃去。

泗水关被破，群雄纷起，靠山王杨林坐卧不安，遂设一毒计，以江都城比武招贤为名，遍招天下英雄，其实暗藏铁乌筒炮，待其一旦聚拢，便放炮将众人震死。此计不成，又令前来比武者自相残杀，待其精疲力竭，始出兵灭之。第三计是甘泉关设千斤闸，令靖璇飞率兵把守，严防来人出走。秦王李世民发兵晋阳，同四弟元霸、参谋李靖等，率兵讨隋。中途与罗成相遇，成与元霸遂奔赴江都比武。秦琼、王伯当、齐国远、尤俊达等人，也闻讯由瓦岗寨赶来。先后来者，还有孙韬、金勇、苏定方、张须陀、程咬金等人。当众英雄进入甘泉关后，天突降大雨，水深三尺，铁乌筒无法燃放。副主考官宇文化及无计可施，徒唤奈何。次日比武，初试射箭，罗成胜张须陀，稳取状元。又试举千斤青石蹲龙，程咬金胜苏定方，取得榜眼。再试兵器，秦琼以双锏打死舞动双

《罗成破阵》连环画

刀的大招讨左杰。此时，杨林不得不出马对决，秦琼失利，罗成拍马出战，将杨林杀死。罗成欲出甘泉关，奈靖璇飞不允，遂以计赚开，李元霸手托千斤闸，众英雄趁机逃离险境。

双鞭尉迟恭(字敬德)辞别亲人，留一鞭在家，往朔州刘武周处寻觅功名。路经一山村酒店，痛饮“三碗醉金刚”酒，欲趁着酒兴继续前往。店家称，由金龙山北行，有金龙池，时有水怪出而伤人，故极力劝阻。尉迟恭不听劝告，执意向前，欲在金龙池畔小憩时，果有水怪出现，原来是匹烈马，遂将它收服，以充坐骑。六丁神仍化作老丈，赠以甲胄、鞍辔，以成就其功名。

尉迟恭画像

刘武周(字定远)武艺超群，膂力过人，借助其妹丈沙漠单于之力，拥兵自重，自号定阳王，结集刘百纪、张万年、范君章、宋金刚诸人招兵买马，扩充实力，并张挂榜文，吸纳四方英雄。尉迟恭前来投奔，旋即接纳。刘武周操练兵马，讨伐李渊，攻打雁门关等处。尉迟恭先后挫败雁门守将张永寿、柏壁关将领江荣、宁武关江华，又攻打浑源、沁水、云魔、高平等八寨。齐王李元吉仓皇出逃，八寨失守。

柴绍之妻平阳公主李氏，见父起兵晋阳，乃招募精勇，聚兵数万，攻下盩厔、武功等处，扎营于供奉秦琼塑像的永福寺，接应父兄。秦琼妻与婆婆失散，流落至此，为公主收留。尉迟恭出兵攻晋阳，秦王李世民率兵迎敌，麾下七员大将却接连受挫，彷徨无计。徐勣献计，欲礼聘秦琼前来参战。为方便出行，他化装成游方道士，以唱简板渔鼓名义，赚入洛阳城，得见秦琼，道明原委。琼慨然允

诺，偕程咬金投奔唐营。秦琼被封为马军总管，在美良川与尉迟恭大战，昼夜厮杀，不分胜负。尉迟提议，先打秦三鞭，若不作躲闪即是赢。然后由秦打尉迟两锏，若是躲闪，即是输。结果，尉迟不耐锏击，抱鞍吐血，拍马欲逃。时刘武周身死，尉迟遂投唐。李世民欲攻打洛阳，正观看地形。王世充麾下大将单雄信闻知，报楂树岗之仇情切，便拍马横槊前来，不顾义兄徐勣一再劝阻，执意追杀秦王。尉迟恭得知消息，匆即赶来，纵马跃过溪涧，单鞭夺槊，杀死单雄信，救下李世民。后王世充被生擒，唐王登基，建都长安。平阳公主令人往瓦岗寨迎来秦母，使其一家团聚。

《曲海总目提要》一书，称此剧“与正史多不合”。其实，并不尽然。本剧中秦琼、程咬金、徐勣、李靖、尉迟恭、单雄信、刘武周、窦建德、王世充、宋金刚、萧铣、王伯当、柴绍、史大奈、李元吉、魏征等，皆史有其人。且有些情节，也有史可据。

如本剧第二本卷下第十六齣《投军》，借刘武周之口，说齐王李元吉荒淫无忌，搜访美女，纳为妃宠，也有案可稽。《资治通鉴》卷一八七“唐纪三·高祖武德二年”载，齐王元吉性骄侈，奴客婢妾数百人。时常令此类女子披上战甲，作攻战之戏，前后死伤众多。他还游猎无度，践踏庄稼，抢夺民物，射杀无辜。又夜开府门，淫乱成性。

第二本卷下第十九齣《闻警》，叙李元吉镇守三关八寨，兵临城下，还传女乐演奏歌舞。听说尉迟恭率兵攻打，立即“快备车辆，满载金银、嫔妃、美女，星夜奔至长安”。此实为他镇守并州时之事。据史载，刘武周进逼并州，元吉对司马刘德威说："你带领老弱守城，我率领强兵出战。"然而，话音刚落，他就于晚上开溜了。

第二本卷下第二十五龅《较雄》所写"美良川之战"，《资治通鉴》卷一八八"唐纪四·高祖武德二年"记载道：尉迟恭、寻相将回浍州，秦王世民派兵部尚书殷开山、总管秦叔宝等，与对方约定在美良川开战，最终将对方打败，斩首二千余级。

第二本卷下第二十六龅《夺槊》，写秦王计划攻打洛阳，与军师徐勣前往魏武陵上观察地理形势，为单雄信追杀一事。《资治通鉴》卷一八八"唐纪四"记载，武德二年(619)九月，秦王李世民带领五百骑兵巡行战地，登魏宣武陵。王世充率领步骑万余突然袭来，将李世民等包围。王世充麾下部将单雄信挥动长槊，直接奔向秦王。尉迟恭见状，跃马大呼，将单雄信刺落马下。王世充兵丁稍稍退却，李世民得以脱险。剧中之情节，基本上是本之于史实的。

又如第二本卷下第二十一龅《惊像》，曾叙及平阳公主戎装出场，组织娘子军，接应父兄之事。《资治通鉴》卷一九〇"唐纪六"记载，武德六年(623)二月，平阳公主薨，安葬时，仪礼超常，动用军乐，前后部鼓吹、班剑四十人。并追述道："公主亲执金鼓，兴义兵，以辅成大业！"可见其在平定天下中建有大功。又据《旧唐书》卷五八《柴绍传》后所附，平阳公主乃高祖第三女。李渊起兵太原，密召柴绍前往相助，留公主于长安。柴绍去后，公主归鄠县庄，尽散家财，召集兵勇，积蓄力量，得数百人，起兵以响应其父。她先后派家僮马三宝说降了何潘仁、李仲文、向善志、丘师利等地方势力，声威渐壮，并相继攻陷鄠县、盩

厔、武功、始平等地。每到一处，公主必申明法令，禁止士兵骚扰百姓。因此，远近闻名，前来投靠者纷至，得兵七万人。李渊闻知此事，大喜过望，令柴绍迎接公主。公主率领精兵万余人，与秦王李世民会师于渭北，军中以“娘子军”称之。围击京城时，平阳公主与柴绍各建幕府，并驾齐驱，这在历史上是很少见的。该剧在创作中，采撷史实之处甚多，在此不一一论列。

同时，李玉在戏曲创作中，还时常于民间故事里撷取素材，以强化场上演出之时的看点。如本作第一本卷下第二十三齣《上寿》，叙众英雄纷纷前来为秦琼之母祝寿，或吟诗以贺。目不识丁的程咬金，见别人吟诵诗句，他也要来几句，作品写道：

> 你们拜完了，待我来拜。我也有寿诗。（众笑介）他也有寿诗？（程）老太太请上，容小侄拜寿！（秦母）不消罢。（程）太太生来不是人，（众）这是甚么诗？（程）好的在后面。南极降下老寿星。（众）这一句罢了！（程）如何？养个儿子会做贼，（众）这是怎么说？（程）偷个蟠桃奉母亲。（众）好！（程）可是好的在后面。

如此一段充满诙谐况味的段子，到后来被附会至机警敏捷、喜滑稽嘲谑的纪昀（字晓岚）身上。据《清朝野史大观》（卷九）记载，纪晓岚为一老夫人做寿，即席吟诗道：“这个婆娘不是人”，一座宾客皆吃惊不小。纪又从容续吟道：“九天神女下凡尘。”众闻之，莞然一笑。他再吟道：“生下儿子去做贼”，大家听到后，顿时惊愕不已。纪接着又说："偷得蟠桃寿母亲。"场上气氛顿时活跃起来。纪氏所吟，与剧中程咬金诗句除第二句外，基本相同。显然后者乃由前者演化而来。而本诗最早出自何人，或称是江南才子唐伯虎，但无确凿证据。大概是源自民间传说故事。这则从另一层面透现出李玉对通俗文学涉猎之广。

当然，《麒麟阁》毕竟是一部戏剧作品，虚构与夸饰自然当更多，尤其是在很大程度上受到民间传说故事的影响。隋、唐间尉迟恭、程咬金、秦琼诸民间英雄的故事，除尉迟恭外，其他数人元代戏曲中则较少见。尉迟之事，所知者不过关汉卿《介休县敬德降唐》（一名《武周将敬德降唐》）、尚仲贤《尉迟恭单鞭夺槊》、屈子敬《敬德扑马》、杨梓《敬德不伏老》、郑廷玉《尉迟恭鞭打李道焕》、佚名《老敬德挝怨鼓》、《程咬金斧劈老君堂》、《徐茂公智降秦叔宝》等数种而已，叙及秦琼者却极少。唯明脉望馆钞校本杂剧，如《智降秦叔宝》、《魏征改诏》、《四马投唐》、《鞭打单雄信》诸剧，始较为详细地叙及秦琼、程咬金、单雄信、王伯当诸人之事，但人物性格不够连贯。《鞭打单雄信》一剧之情节，比如敬德刺单雄信落马、李世民在洛阳城外观察地形为王世充所困、徐勣为救李世民与单雄信割袍断义等，为李玉《麒麟阁》多所采取。

而在同类题材的小说创作方面，直至明万历年间出现的《大唐秦王词话》（又名《唐传演义》、《大说唐全传》），仍以叙尉迟恭故事为主，如"敬德伏妖降怪"、"敬德夺先锋"、"敬德战八将"、"美良川虹蜺涧敬德大战秦叔宝"、"程咬金赚敬德"、"敬德降唐"、"榆窠园敬德单鞭

救驾”、“敬德夺稍”、“敬德保驾两救主”、“敬德装病”等。据有关学者考证，此书所题“澹园主人编次”，“澹园主人”，即万历间诸圣邻的别号。《大唐秦王词话》现存，凡八卷，六十四回，是据民间艺人的说唱加工整理而成。

而题“竟陵钟惺伯敬编次”的《大隋志传》(四卷，四十六回)，则较多叙及秦琼诸人之事。如“楂树岗唐李渊遇盗”(第四回)、“秦叔宝途次救唐公”(第五回)、“秦叔宝遭穷途落魄”(第六回)、“三义坊当简受腌臜，二贤庄卖马识豪杰”(第八回)、“东岳庙英雄染疾病”(第十回)、“赏花灯单雄信送友”(第十一回)、“皂角林财物露遭殃，顺义村擂台逢敌手”(第十二回)、“张公谨仗义全朋友，秦叔宝带罪见姑娘”(第十三回)、“勇秦琼舞简服三军，贤柳氏收金获一报”(第十四回)、“秦叔宝归家奉慈母，齐国远截路迎良朋”(第十五回)、“报德祠酬恩塑形象，西明巷易服寻丈夫”(第十六回)、“王婉儿观花灯起衅，宇文子贪美色亡身”(第十八回)、“驰令箭单雄信传名，屈官刑秦叔宝受责”(第二十二回)、“供盗状愿生死无辞，焚捕批真千古罕见”(第二十三回)、“好朋友商议在一夕，众豪杰同来庆千秋”(第二十四回)、“秦叔宝卜居养老母”(第三十五回)、“徐茂公初交秦叔宝”(第三十七回)等等，增出秦叔宝之事迹很多。

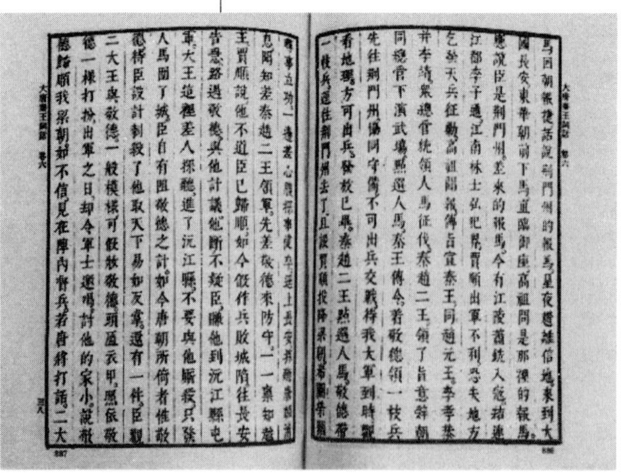

《大唐秦王词话》内文书影

其实，在明代嘉靖间书坊主人熊大木编集的《唐书志传通俗演义》一书中，也叙及“秦叔宝简打潘林"、"弃郑归唐"、"程知节散金行间"、"李世民结纳叔宝"、"敬德大战美良川"、"三跳涧勒马飞渡"诸故事。与李玉生活于同一时代的剧作家袁于令，所作《隋史遗文》小说，似从《大隋志传》改编而来，叙述秦琼事迹则更为详细。《麒麟阁》中基本情节，大都见于该书。而清初褚人获的《隋唐演义》，又似从《唐书志传通俗演义》演化而来，回目也多所相似。可见，本剧在构筑情节时，在选取素材上是兼采多书的。在某些方面，还可能受到小说《水浒传》的影响，如秦琼形象的塑造，就带有及时雨宋江的某些印痕。尉迟敬德酒后降服水怪，也有武松景阳冈打虎的影子。

此剧在后世也多所演出。《缀白裘》收有该剧的《反牢》、《激秦》、《扬兵》等齣。《三挡》为《纳书楹曲谱》所收录。日本竹村则行所藏"旧抄曲本"，收有本剧的《入罪》、《起解》、《打擂》、《下棋》、《见姑》、《庆集》、《上寿》、《征聘》、《却扛》、《三挡》、《惊像》、《五报》、《较雄》、《跳涧》、《荣归》等齣。唯齣名与原剧略有出入。清阙名编《梨园演曲》卷四，收有本剧《三挡》。黄仕忠《日藏中国戏曲文献综录》，皆有载述。京剧的《麒麟阁》（又称《激秦三挡》）、《劫皇杠》（《响马传》）、《贾家楼》（即《五面枷》）、《三家店》（一名《男起解》）等，皆是由李玉《麒麟阁》改编而来。弋腔有《麒麟阁》、徽剧有《三挡》、秦腔则为《三挡杨陵》。又见于陶君起《京剧剧目初探》、王森然《中国剧目辞典》等书。下文凡涉及此类内容，大多出自如上著述，不一一标出。

《风云会》、《牛头山》，是写宋代或与宋王朝立国相关的故事。《风云会》分上、下卷，上卷第一至十五齣，下卷第十六至二十六齣。本剧第一齣《家门》称："世事如棋，前程似漆，男儿失去牢骚。穷通天赋，白眼任儿曹。"很显然，其间可能寄寓了他功名无望的叹慨。因看惯世事无常，故而对现实无语，以至连"牢骚"都不屑发抒，可见情感郁闷至极。他的翻阅旧史、"检点英豪"，恰是为了一吐干云霄之"意气"。其创作心理，由此可窥知一二。

剧叙五代末年，朔州人郑恩双亲早丧，无所依靠，但胸怀洒落，性格粗豪。他寻访天下英雄，路经北岳恒山，又染病两月，栖身道院，请相士苗训看相，谓其"孤身落泊"，故心绪不佳。值北岳帝诞辰，有太原"赛哪吒"淳于胜在此搭高台比武，声称专打天下好汉。因两年来未逢敌手，故特竖"大言牌"炫示。郑恩闻讯前往，三拳两脚便将淳于胜打下台来，博得众人连连喝彩。蒲州解梁人赵信，生子名普，女为京娘，一家数口度日。普欲外出游学，以进取功名。赵信见家中竹林产有龙竹，乃请工匠制成一对龙笛，献于北岳庙后宫悬挂，以祈求子女富贵。郑恩游至解梁地面，天降大雨，往一农家暂避。主人赵信知其乃是打擂获胜之英雄，殷勤挽留，并将女儿京娘终身之事托付。

岳州防御使赵弘殷之子匡胤，力敌万夫，气吞四海，曾大打御花园，威名大振，与张光远、石守信等九人结为兄弟，常使枪弄棒，街市玩耍。一天，赵匡胤在街上见一汉子所卖铁胎弓，无人能拉得开，遂近前观看。他讨弓在手，一拉即开，使卖弓人郑恩大为佩服，两人遂结拜为兄弟，共往酒楼饮酒。华山道士陈抟下山，于竹桥边开卦铺以寻访异人，面睹赵匡胤、郑恩等人面相，连连称奇。此时，南唐新进十八名歌姬，汉帝特建御勾栏以蓄之，并任凭士民观览游玩。花花太岁苏小之乃太师苏逢吉之子，奉命掌管勾栏，借机寻事诈人，骗取钱财。赵匡胤扮作卖獾儿肉者，诓入勾栏，杀掉苏小之，并将歌姬韩素梅救出苦海，趁乱逃出京城。

赵信偕妻、女往北岳烧香还愿，路经介山，为寨主张光儿（绰号满天飞）手下喽啰侦知，赶走赵信夫妇，将京娘劫往青牛观，欲作压寨夫人。青牛观观主赵景清，乃赵匡胤之叔，故匡胤逃出京城后，避祸于此，不料又卧病月余。一日闲行，闻听东廊下有女子哭声，大惊，问知就里，便不顾叔叔阻拦，将女救出，结为兄妹，将坐骑赤麒麟让其乘坐，亲送她还乡。至汾州地面，寻得酒店进食。不料，介山强人张光儿带人马追来。赵匡胤挺身而出，挥动军棍，将强人打死，为地方除害。迤逦来解梁，将京娘交与赵信夫妇，转身而去。

赵匡胤画像

郑恩带着韩素梅逃至并州集义村，靠砍柴度日。然而，此地有三霸，一为以董达为首的“董家五虎”，领数百人马强霸汾阳小金桥，向过往客商强取赋税，人称董达为“护桥龙”；二为木铃关守将韩通，出猎践踏民田，抢掠美女；三是昆仑山怪兽猩猩，时而出山吃人。韩通之母上山进香，为怪兽抢入深山。郑恩上山砍柴，听得妇女哭声，遂救其下山，并打死怪兽。韩通感激不尽，携重礼登门致谢，见韩素梅貌美，遂见色起意，以谢仪充聘礼，将其抢走。郑恩回来，亲往木铃关问罪，并杀散围击之兵丁，将韩救出，寄顿于女庵，己则出寻义兄匡胤。

此时，郭雀儿得后汉之天下，赵匡胤大闹勾栏之事不再追究。柴荣又赠以缎疋，令往绛州发卖。匡胤路经汾阳小金桥，董家五虎等横加刁难，以致发生打斗。他难敌众力，恰郑恩来此，拔枣树作武器，将对方击败。未久，柴荣登基为帝，因与赵匡胤为结拜兄弟，特令掌书记赵普持手诏外出寻访。在酒店，与另一寻访匡胤的苗训邂逅，言语多合。此时，郑恩、赵匡胤也来该店投宿，各自相认，互通款曲，始知京娘乃赵普之妹，郑恩为京娘未婚夫君。

回朝后，赵匡胤被授为殿前太尉都点检之职，操练兵马，挂帅印征剿南唐。他令郑恩为先锋，获大胜。未几，柴荣病逝，赵匡胤领兵北征，驻扎陈桥驿。众将见国势不稳，趁赵匡胤熟睡，以黄旗覆其身，拜为帝。韩素梅因与赵匡胤有婚约在先，有旨迎请皇妃入京，寄宿平山驿馆，恰京娘也暂居于此，二人得以相认，以姑嫂相称。众将功成，皆归山隐居而去。

《风云会》所涉及人物，大多史有其人。剧作描述宋太祖赵匡胤面色赤红，目若辰星，力敌万人，气吞四海，被相面者目为异人，与史书所载大致相符。《宋史·太祖本纪》称他，生于洛阳夹马营，容貌雄伟，器度豁如，识者知其非同一般，当成大器。匡胤学骑射，常超出同辈。他曾经试骑烈马，不用控制马的勒口，一跃而上。马狂奔而去，冲上城楼旁斜道，赵匡胤头触门上方的横木，掉下马来。人们以为其必受重伤，不料他竟然慢慢站了起来，又一路狂奔，追上了马，纵身一跃，仍骑于马上，毫发无伤。旁观者禁不住啧啧称奇。此颇有传奇色彩，因而围绕赵匡胤产生出的故事便多了起来。

又如陈抟，乃亳州真源人。史载其四、五岁时，曾戏于涡水，有一穿青衣的老妇来喂养他，自此聪明异常，读书过目不忘。后唐长兴(930—933)中，举进士不第，便打消进取功名的念头，以山水为乐。自言曾得仙人指点，往武当山九室岩修炼，前后二十余年，每天不过饮酒数杯而已。又移居华山云台观、少华石室，每睡眠百余日不起。周世宗闻其名，命华州地方官将他送入京，留于宫中月余，授予谏议大夫之职，但他固辞不受，皇帝只得送陈抟回山，但经常派官吏前往探望，并赠以厚礼。其事入《宋史·隐逸传》。

陈抟事迹经口口相传，愈发奇幻，被收入明人洪应明所编《仙佛奇踪》，称唐明宗召他出山，他长揖不拜。又以三个美丽的宫女相赏，他写诗道："雪为肌体玉为腮，多谢君王送得来。处士不兴巫峡梦，空烦云雨下阳台。"拒收美女，隐居而去。其实，该诗宋人刘斧《青琐高议》前集卷八《希夷先生传》已载，唯字句略有不同而已。

又记载，五代末，天下战乱四起。赵匡胤之母肩挑起他兄弟二人逃匿，以避兵乱。陈抟偶然遇见，吟诗道："莫道当今无天子，都将天子上担挑。"他已知赵氏兄弟将来定能登上龙位。本剧《望气》、《谈星》两齣戏，即由此敷衍而成。剧中时常出现的算命先生苗训，史有其人，入《宋史·方技传》。史家称他善察天文，能预测吉凶。赵匡胤陈桥驿黄袍加身，他预先已测知，并当面相告。匡胤为帝，授予他翰林之职。

本剧中赵匡胤所结拜的兄弟石守信、张光远、王审琪、周霸、李汉昇、史彦昭、杨廷幹、罗彦威、郑恩诸人，有

些是出于虚构，如郑恩、张光远、周霸等人，均不见史传。但石守信、王审琪(《宋史》作王审琦)，《宋史》有传。他们与匡胤有否结拜，不得而知，但石守信确为赵匡胤之得力大将，屡立军功。王审琦与赵匡胤为“布衣交”，甚得其信任。据说，审琦素不饮酒，一次陪匡胤饮宴，他以不能饮推辞，当饮到酒酣耳热时，赵匡胤一番说辞过后，劝道：“酒，天之美禄。审琦，朕布衣交也。方与朕共享富贵，何靳之不令饮邪?”(《宋史·王审琦传》)王审琦无言以对，应命连饮十杯，竟安然无恙。自此，每当侍宴，便满杯而饮。然而，他一旦回到私第，却再也不能饮，若强饮，必病。后来，审琦得了急病不能讲话，匡胤亲自前往探视；及身亡，又前往哭奠，甚为悲伤，可见二人关系非同一般。作品如此安排关目，亦非无据。

赵普事迹，多见于史传，此不赘述。

当然，本剧之情节，以传说故事居多，大多采自戏曲、小说。如《闹观》、《送路》等齣所叙赵匡胤救护京娘之故事，即相传已久。南戏中有《京娘怨燕子传书》、元杂剧中有《荆娘怨》、《金娘怨》等剧，已佚，疑即演此故事。晚明冯梦龙《警世通言》所收《赵太祖千里送京娘》，情节与本剧大致同。赵匡胤叔父名景清，为清油观主(剧作“青牛观主”)。响马张广儿(剧作“张光儿”)、周进，接京娘寄顿清油观中，匡胤将其救出，送往蒲州。本剧情节同此，只是个别文字略作改动。剧中所叙京娘乃赵普胞妹一事，乃纯属虚构。

打董达、韩通之事，明脉望馆钞校本杂剧，有《打董达》、《打韩通》二剧。《打董达》一剧所叙，为赵匡胤、郑恩、柴荣三人同过桥，本剧《除暴》一齣，则改作赵匡胤推车过桥，与桥霸董氏五虎发生争斗，郑恩闻讯赶来相助。《打韩通》所叙情节，与本剧《夺嫂》、《完玉》两齣所叙则全然不同，并无韩素梅被抢之事出现。

还有，元末罗贯中作有《赵太祖龙虎风云会》杂剧，叙及郑恩、赵匡胤请先生相面之事，与本剧大致同。不过，算命地点是竹桥，而非汴梁桥；相面先生乃陈抟，而不是苗训。但石守信招募勇士，赵匡胤应聘成功以及雪夜访赵普诸事，本剧并未涉及。罗剧也未叙及千里送京娘之事。

至于明代熊大木所编小说《南北两宋志传》中所叙“大汉桥郑恩卖弓”（第十三回）、“匡胤大闹御勾栏”（第十四回）、“大舍途中打董达、匡胤华山访陈抟”（第十六回）、“郑恩激怒打韩升”（第十八回）、“赵匡胤绛州斗武”（第十九回）、“匡胤酒馆遇郑恩”（第二十回）诸情节，经过改造，为本剧所取。赵匡胤所结九兄弟，也源于此。妓乐韩素梅与赵匡胤的感情纠葛，并采自该书。可见，《南北两宋志传》小说所提供的素材，在本剧的情节结构中起到相当重要的作用。

岳飞塑像

京剧中的《飞龙传》情节与本剧大致相同。其他如《洒金桥》、《董家桥》、《送京娘》等剧目，皆与此剧情节相关。尤其是《送京娘》一剧，豫剧、秦腔、楚剧、徽剧、粤剧、汉剧、川剧、滇剧、桂剧、同州梆子等，皆有此剧目。

《牛头山》一剧，也分上、下卷，凡二十五齣，叙岳飞抗金事。大意是说，相州汤

阴岳飞(字鹏举),熟读兵书,义勇盖世。他目睹金兵南侵,百姓涂炭,十分痛心,志图恢复,蒙宗泽举荐,留守东京,厉兵秣马,欲渡河一战。不料,奸臣黄潜善进谗言,将岳飞贬为河北招抚使张所麾下旗牌,留守之事令主降派官吏杜充接管。消息传来,刚刚招抚的抗金队伍,纷纷四散。金四太子兀术奉命同兄长粘没喝、丞相斡离不两次率兵南下,直攻汴京,掠钦、徽二帝,康王赵构南迁为帝。然缘岳飞留守东京,威名久著,故南犯受阻,忧心忡忡,闻知岳飞被贬,改由杜充接任,大为欣喜,遂奉旨统兵南下,攻打汴京。曾任御史的张所,于"靖康之变"中,单骑突围,刺血作书,力图恢复,在河北募兵十七万,以方圆八百里牛头山为根据地,严防金兵南侵,被授予河北路招抚使。闻知英雄岳飞有此遭际,为之愤惋。岳飞前来,因志趣投洽,英雄相惜,遂待为上宾。

新任东京留守杜充,不通文墨,贪婪无比,投机钻营成性,闻敌至而丧胆。金兀术兵临城下,他仓皇捧印信投降。康王移驾扬州,奸臣汪伯彦、黄潜善分别任左、右丞相。二人狼狈为奸,卖官鬻爵,贿赂公卿,排除异己,谗害忠良。李纲、赵鼎等忠臣纷纷遭贬谪,远窜外地。金兵将南下,汪伯彦带家眷、携珠宝私自逃回故里。黄潜善欲以康王为降金筹码,偕其出逃。中途,宫女刘翠华与张娘娘被难民挤散。翠华之父操舟江上,将二人接至六合家中。梁山好汉浑江龙李俊,平方腊后流落太湖,与费保等订盟聚义,后以打鱼为业。赵构、黄潜善等人为金兵追击,由扬州一路逃至太湖,为李俊等所救。金兵来至湖畔,寻船渡湖,船驶至湖中心,李俊令童威兄弟诸好汉将船踏翻,淹死许多追兵。黄潜善妻严氏,因看不惯丈夫恶行,遂于白云山结茅而居，终日焚修。赵构、黄潜善由梁山英雄燕青接应，由杭入海，逃至明州(今浙江宁波)白云山，为严氏收留。黄潜善以打探消息为由，潜往金营，欲献赵构以谋取富贵。严氏窥出端倪，搭救赵构出逃而自刎身死。黄潜善带金兵来搜，已人去楼空，以虚报信息为金兀术杀死。张所得知此信，即与岳飞商议，遣将军牛皋为先锋前往救驾，岳飞后行，救赵构于危难之中。

岳飞之子岳云，在故乡居住，胸有大志，读书习武，得九天玄女之助，令沧海君授以神槌一对，重一百六十斤，习艺三昼夜，武艺精通，俟机助父亲成就功业。张娘娘同翠华逃至汤阴，投奔岳夫人母子。牛皋催促粮草，路经汤阴，去岳府拜望，因夜深相貌不辨，遭岳云追杀，并无意间透露聚集牛头山之事。岳云拜别母亲，往牛头山寻父。至山西蒲城解梁地界，访知牛头山所在。此时，杜充降金后被任命为总管，奉命往牛头山捉拿宋帝，与岳云邂逅，遭重创，落荒而逃。巩令公之后巩韬与其妹巩金定，闻听皇上被围，领兵前往解救。路遇岳云，慕将门英名，巩韬将妹妹许与云为妻。至此，岳云始知牛头山有三：一在金陵，一在解梁，而宋帝被困之牛头山，乃在湖广、江西交界之处，遂令巩金定往汤阴，已则奔湖广而去。

岳云至牛头山下，挥动铁槌，杀进敌营，为牛皋接应上山。岳飞因儿子不听召唤，私自离家，欲以军法处置。众将央求，不允，直至赵构亲自出面讲情，始将岳云释放。未几，赵构便封这一十余岁之少年为忠勇大将军、五营都统制，挂先锋印破敌。时隔不久，赵构效汉高祖故事，登坛拜岳飞为帅，誓师祭旗，不日与金兵开战。届时，岳飞身先士卒，挥枪杀入敌营，连灭金两员大将。加之岳云助战，金兀术败逃。金兵无计可施，乃前往汤阴，将岳夫人、张娘娘擒获，恰巩金定赶至，杀败金兵，将二人救出，护送往临安。赵构至临安重登大位，论功行赏，岳氏举家得以团圆。

《牛头山》一剧之人物，如岳飞、牛皋、王贵、岳云、张所、宗泽、李纲、赵鼎，反派人物杜充、黄潜善、汪伯彦以及金兀术、斡离不等，皆见于史书所载。本剧在史实的基础上加以虚构创作而成。抗金名将岳飞，乃是一传奇人物。《宋史·岳飞传》记载，岳飞出生在一个世代务农的忠厚家庭。他的父亲岳和，常常节食以接济那些饥肠辘辘者。有的村民耕田时挤占了他的土地，他索性相让，毫不计较。赊欠了他的钱财，也不追着对方要求偿还。据说，岳飞生时，有只像鸿鹄的大鸟飞来屋上鸣叫，因以取名。生未满月，黄河在内黄决口，大水骤至，其母姚氏抱起岳飞坐于瓮中以避洪峰。结果，被冲至岸边，躲过一劫，人们都很惊奇。此事为清初的《说岳全传》采入，而本剧并未涉及。由于岳飞自幼有着良好的教养，所以他十分注意品德、气节的涵养，学习刻苦，敦厚寡言，然上进心强，喜读史书与兵法，并习学武艺，尊师重道。他曾跟从周同等学射箭，由于虚心好学，周同将自己的本领全部传授给他。后周同病逝，岳飞初一、十五设祭于家。岳和看到后大加赞赏，对儿子说："你身为时用，能为国殉身、为义捐躯吗？"岳飞听了这话，很受激励。他后来之所以出入沙场，屡立战功，淡泊名位，赤心报国，是与严格的家庭教育分不开的。

李玉采岳飞事迹入剧，与他对岳飞人格的追慕与景仰是息息相关的。岳飞于宋宣和四年(1122)应召入真定宣抚使刘韐帐下当兵,时立战功。康王赵构来相州(今河南安阳),岳飞由于刘浩的引见得以晋谒,又跟从刘浩解东京之围,与敌相持于滑县之南。他曾带领百余骑兵在河上训练,敌人突至,岳飞很淡定地对士兵说:“敌虽众,未知吾虚实,当及其未定击之。”(《宋史·岳飞传》)说着,便率先骑马冲入敌阵。敌兵有一位猛将气势甚盛,挥刀前来,岳飞将其杀死,敌人锐气顿减,大败而逃。岳飞得升秉义郎,隶属东京留守宗泽管辖。在开德、曹州之战中,皆立有战功。宗泽对他称道不已,说:“尔勇智才艺,古良将不能过!”(《宋史·岳飞传》)遂教其排阵之法。

康王即位,岳飞上书言事,弹劾黄潜善、汪伯彦步步退却,无意抗敌,请求御驾亲征,恢复中原。结果,以越职言事而被削职。他投奔河北招讨使张所,受到礼遇,张以国士待之。后岳飞得任中军统领,陈抗金大计,大得张所器重,命他跟从王彦渡河迎敌。至新乡,金兵势力方张,彦不敢前,岳飞独自率领所部,与金兵交战,夺其大旗而舞,这大大鼓舞了士兵战斗意志,遂攻下新乡城。次日,与侯北川交战,他身上负伤十余处,仍坚持与敌搏斗,麾下兵士皆殊死奋战,将敌方击败。岳飞又转战太行,擒金将拓跋耶乌。居数日,再遭遇金兵,飞单骑而入,挥动丈八铁枪,将黑风大王刺死,敌军溃败。后复归宗泽,为留守司统制。宗泽卒,杜充代之。战胙城、战黑龙潭以及在汜水关、竹芦渡,皆大捷。宋建炎三年(1129),数股敌兵汇聚,达五十万众,迫近南薰门,众人大惊,不敢开战,岳飞又挺身而出,说道:“我为你们破敌!”边说边飞身上马,左持弓,右挥枪,冲入敌阵。金兵

大乱，纷纷溃散。杜充惧敌，想退守建康（今江苏南京），岳飞劝阻道：“中原地，尺寸不可弃！今一举足，此地非我有，他日欲复取之，非数十万众不可。”（《宋史·岳飞传》）杜充拒不接受，不久便降金。金人攻常州，岳飞四战皆捷。金兀术欲避往建康，飞预先设埋伏于牛头山，待金兵至，令百名将士于夜间穿黑衣混入敌营，使敌自相攻击。兀术转入黄龙湾，岳飞以三百骑兵、两千步兵冲杀，使敌军节节溃败，不得不退至淮西。岳飞战功卓著，威名远播，令敌闻风丧胆，或图其像以供奉之，或称其为岳爷爷，的确是大壮军威。

岳飞为人低调，从不居功自傲，对亲人要求甚严。如小将岳云，乃岳飞养子，视同己出。年十二，跟从张宪参战。岳飞征战，他也每每相从，数立奇功。每次战斗，岳云手握两铁椎，重八十斤，煞是威武。攻打随州，他第一个登上城楼。攻打邓州、襄汉，论功为第一，但岳飞却隐而不报。隔了一年，由于负责将士升赏官吏的竭力申辩，岳云才得任武翼郎。岳飞抑子功不报，连大将张俊都看不下去，说：“岳侯避宠荣，廉则廉矣，未得为公也！”（《宋史·岳云传》）遂上奏，欲超常赏擢岳云，岳飞力辞不受。朝廷降特旨，令云连升三级。岳飞又推辞道：“士卒冒矢石，立奇功，始沾一级。男云遽躐崇资，何以服众？”（《宋史·岳云传》）又予拒绝。在颖昌大战中，岳云数十次冲入敌阵，负伤百余处，铠甲都被鲜血染成了红色，以功迁忠州防御使，岳飞再辞之。岳云身亡时，年仅二十三岁。在儿子升擢问题上，岳飞是如此严苛，实非常人

牛头山岳飞抗金故垒

所能及，难怪他在军中享有那么高的威望。

由上述可知，本剧所写主干情节本之于史实，细节则出自于虚构。如牛头山，剧中称有三处，查有关地志，有两处与古籍所载相合。一为江苏江宁县南之牛头山（又作牛首山）。据《元和郡县志》，山在县南四十里。山有二峰，东、西相对，名曰“双阙”，旧称“天阙”。岳飞设伏击败金兀术，即是此地。笔者在上个世纪七十年代曾访胜于此，岳飞当年所建抗敌工事，仍隐然可见，叹为奇迹。剧作所称另一牛头山，在湖广、江西交界处，当在湖北大冶西南。此山跨阳新县界，距江西较近。至于蒲城解梁之牛头山，则未见记载。陕西褒城县西，有牛头山。《太平寰宇记》谓，此山山形如牛头。云霞如笠即雨，故又称戴笠山。而非剧中所称蒲州解梁，稍有出入。

明熊大木所撰《大宋中兴通俗演义》（又称《岳武穆演义》、《大宋中兴岳王传》、《岳武穆王精忠传》等），已具备斡离不死、李纲抗金、岳飞为宗泽所器重、岳飞投奔张所受到礼遇、建康失守、高宗弃杭州奔明州、岳飞解常州之围、牛头山设伏降金兵、金兀术兵败向韩世忠乞怜（剧中改作向岳飞乞怜）等情节，本剧大多吸收，仅作部分调整。而秦桧当国，陷害岳飞事，则未涉及。后出之《说岳全传》，与本剧情节则多不相同。本剧所叙岳云擅自离开家乡而投军，岳飞勃然大怒欲斩之，此情节似来自纪振伦等所撰小说《杨家府世代忠勇演义志传》。此书叙及杨宗保于木阁寨私自招亲，其父杨六郎欲斩之之事，情节结构与之多所相同。而上述《麒麟阁》罗艺欲斩子、众将及其妻纷纷求情之情节，也来源于此。本剧中李俊、燕青诸人事，又当与明末陈忱《水浒后传》之情节有些关联。如高宗被围、李俊救驾、燕青护驾返临安等事，剧中也大致涉及。《水浒后传》有清康熙甲辰（三年，1664）刊本，说明本剧当作于康熙三年之后。此推测，或距事实不远。

《千忠戮》一剧，又作《千钟禄》、《千忠禄》、《千忠会》、《琉璃塔》等名目，学者认为，《千忠戮》当是本名，因慑于政治高压，故剧名一改再改。本作分上、下卷，凡二十五出，前三出缺。剧叙明初史事。皇太孙朱允炆即帝位后，采纳近臣齐泰、黄子澄建议，有意削夺周、齐、代、岷等王权力，燕王朱棣深感不安，乃起兵征讨。途中，御妹庆成公主奉太后懿旨，劝其罢兵，以免骨肉相残，伤及天伦。朱棣不允，挥师渡江，攻打京师九门，杀入城中，家家逃避，祸及百姓。仓促间，皇后马氏投火身亡。建文帝来至奉先殿哭诉于先灵，后落发为僧，与翰林程济一起，从地下暗沟出逃，往吴江村史仲彬家暂住。未几，燕王登基，改元永乐，将齐泰、黄子澄等全家抄没，严刑拷打后斩首，并株连九族。御史景清因入朝行刺，被剥皮楦草。又召方孝孺起草登基文告，方孝孺穿孝服麻衣来见，拒不应命，被当场杀死，且屠戮十族。

朱棣闻知允炆出逃，受谄臣陈瑛启发，派兵前往搜索，结果一无所获，怏怏而去。朱允炆、程济以师徒相称，由吴江村逃出，渐近贵州地界。至武岗州鹊摩山下，因饥饿难忍，程济前去寻找吃食，允炆行李为游方僧劫夺，又天降大雪，遂往古庙栖身。旧臣吴成学化名雪庵和尚，牛景先化名东湖樵，扮作一僧一道，为寻访朱允炆迤逦来此，也在古庙投宿，遂得以聚首。此时，朱棣采纳陈瑛建议，四处搜捕允炆，派朱武率人马往闽、浙，丘福率兵马去江西、两广，张玉则经湖广往贵州，直至云南、四川，分道

访查,欲赶尽杀绝。朱允炆等见追兵来势凶猛,危在旦夕,便躲入古墓暂避。吴成学、牛景先则扮作建文帝与程济,作匆促逃跑状,张玉不辨真假,将二人捉拿。吴、牛自刎身亡,张玉令手下枭其首级入朝领功。

程济府中乳母,因国变,受主人之托,偕程女回徽州拱秀乡居住,以母女相称。待程女长至十四岁,始告之真情,女痛哭不止。此女向日已许配苏州吴江县翰林侍读史仲彬之子为妻。庆成公主往齐云岩进香经此,需人役轿夫。地方排门摊派,发现程女,便密报歙县县令钱百清,派人捉拿。钱知县押解钦犯程女入京,与庆成公主銮驾邂逅于籐溪,女高声呼冤。公主问知就里,代为遮饰,斥责知县屈陷无辜以邀功请赏,将女带回府中。知县无可奈何。

史仲彬闻知吴、牛替死,程济陪帝远遁,便扮作乞丐,沿途寻访二人下落。路经鹤庆山,为强人劫夺殴打,恰猛虎出现,将强盗衔走,仲彬也晕倒于地。此时,程济下山寻取吃食,发现仲彬,遂同往山上茅庵与允炆相会。后朱棣知张玉所捕获乃别人假冒,焦灼不安。工部尚书严震直,因曾出使安南,熟悉云南一带地理,故被派来追捕建文帝君臣。恰程济送仲彬返乡,允炆为严震直所擒,打入囚车,连夜押解入京。程济闻知,不顾危险,尾随赶来,面责严震直背义忘恩、反颜事敌,又痛哭于建文囚车前,伤心欲绝。负责押解的众将士见状无不动容,不顾阻拦,纷纷四散而去。严震直也自觉羞愧,自刎身死。程济打坏囚车,朱允炆得救。

新任兵部尚书陈瑛,假公济私,为所欲为,时进谗言,陷害忠良,诬史仲彬杀死严震直,放走建文帝。仲彬夫妇及儿子史晟被捕入京，严刑拷打，问成死罪，押往刑场处决。幸庆成公主出面相救，死刑得免，改发配充军。史妻文氏，没入庆成公主府中服役，见到程女，婆、媳得以相认。

朱棣巡视边关，令荣国公张玉为先锋，统兵三万，至榆木川扎营稍憩。棣身感疲倦，隐几而眠，梦见其父朱元璋以及大臣方孝孺先后前来，当面斥责其骨肉相残，无情无义，众冤魂也纷纷前来索命。棣惊吓身死。至宣宗瞻基登基，始下赦书，程济、史仲彬等人俱得赦免。允炆回朝，经多人辨认，始为新帝确认，被请入后宫，叙叔侄之礼。此后，安享宫中。陈瑛作恶多端，全家被处死。史仲彬官复原职，儿子史晟与程氏完婚。

本剧所叙，大致本之于史实。燕王朱棣自幼习兵，智勇兼具，富有谋略，屡经战阵，威名大震。明太祖朱元璋病危，因太子朱标已死，按照宗法制度，留遗嘱传位于嫡长孙朱允炆。并称，一旦身死，诸王在封国举行祭奠，不得来京哭吊。朱棣前来奔丧，将要至淮安，朝廷令其回归封国，这使他很不高兴。此后，诸藩王多拥兵自重，行不法之事。湘王朱柏、代王朱桂、齐王朱榑、岷王朱楩等，多以叔父之尊，瞧不起允炆这位新帝，且无视国法，擅作威福，先后以罪废国。这令燕王深感不安。因大臣齐泰、黄子澄曾提议削夺藩王，为建文帝所采纳，便以清君侧为名兴兵南下，自率兵攻破金川门，夺取皇位。建文帝见朝中文武投降者居多，左、右仅剩数人而已，感到绝望，便将诸后妃关在内宫，纵火焚之，自己则改换衣装出逃。朱棣令方孝孺草诏告知天下，不从，便灭门十族。许多宫人、女官、内侍，大都被杀。凡为建文帝所不喜者，却得以保留。

《明史》载，宫中火起，建文帝下落不明。还记载，有人说建文帝是从地道逃出深宫的。云南、四川、贵州一带，均有朱允炆为僧后往来之踪迹。胡濙、郑和等人曾奉旨追逃，均未果。如此看来，建文帝究竟是死于宫中，还是出走云、贵，竟成了千古之谜。本剧所采用的是后一种说法。

剧中所叙建文帝寄居史仲彬家之事，也有案可稽。清初谷应泰《明史纪事本末》卷一七《建文逊国》记载，明建文四年(1402)六月，朱允炆失国，仓皇出走，辗转至吴江黄溪史彬(剧中作“史仲彬”)家。史彬将其安置在院中西边的清远轩，允炆将其改作水月观。过了三天，诸臣来史家相会。朱棣即位后，将在编在位而逃走的463名官吏，俱削职。不久，吴江县丞巩德(剧中作“巩化龙”，以丑扮)前来搜索，一无所得而去。次日，朱允炆与两僧、一道出逃。前后凡三日住史彬家。出逃前，为帝落发者乃翰林编修程济。当时愿随允炆逃亡的，有监察御史叶希贤等五六十人。因考虑路途不便，仅留两、三人随行。危难之际应声而至者，其中有中书舍人郭节，时称雪庵，即雪和尚，乃剧中吴成学的原型。成学，史无其人。御史牛景先，号东湖樵夫，又称东湖主人。剧中“庙遇”齣叙及其人。

明永乐四年(1406)，朱允炆曾建茅庵于白龙山暂住。此庵曾遭火灾，程济设法为之修缮。八年(1410)，工部尚书严震(剧中作“严震直”)出使安南，访建文帝踪迹，忽相遇于云南道中，相对而泣。允炆问：“你怎么处置我?”严答：“你走吧，我自有办法!”允炆离去，严自缢于驿站内。其间，允炆因患痢疾，形容枯槁，史彬、郭节等曾前往探视，各有礼物相赠。剧中“虎救”、“搜山”、“打车”诸齣内容，由史籍所载而敷衍生发。程济，《明史》有传，该传曾采传闻道：“帝亦为僧出亡，济从之。”（《明史·牛景先传》）

陈瑛其人，建文时曾因与诸藩王勾结，被贬谪广西。朱棣即位，首先起用他。因前有过节，故他对建文帝及其周围大臣怨恨甚深，几次进谗言加害。史书称其性贪残，人多怨者。剧中所述，与史书表述相合。

可见，该剧的主要情节、人物，大都能在史籍中寻得踪迹。作家的创作态度是严肃的。其中的《代死》、《搜山》、《打车》等齣，为人们所称道。而《庙遇》、《搜山》、《打车》、《草诏》、《奏朝》、《八阳》、《双忠》、《归国》等齣，为后世所常演。京剧《搜山打车》（又名《千忠戮》），即据此而改编。

其他如，《昊天塔》叙杨家将故事，杨业（又作杨继业）以及其子六郎延朗（延昭）史有其人。《宋史》、《续资治通鉴长编》、《东都事略》以及乾隆间所刊《保德州志》等，大都载有其事迹。元末朱凯有《昊天塔孟良盗骨殖》杂剧，明代小说《北宋志传》、《杨家府世代忠勇演义志传》等，均演述其事。本剧大致据小说及元人杂剧敷衍而成。《七国传》虽说本之于《史记·孙子吴起列传》，但是明人《孙庞斗智演义》（又名《前七国孙庞演义》）小说以及元末佚名杂剧《庞涓夜走马陵道》等，显然对该剧的故事情节有直接影响。《连城璧》（已残），是据《史记·廉颇蔺相如列传》以及《东周列国志》中部分情节而创作。但元人高文秀《保成公径赴渑池会》等剧作，也当对《连城璧》之情节结撰施以影响。

《两须眉》剧中所叙黄禹金、邓氏夫妇事，采自史书及地方文献，实乃叙晚明六安黄鼎及妻邓氏反抗农民起义军等事实。不过，剧作对现实中内容作了较大改动，如黄鼎初为马士英走狗，后则降清，剧未叙及。清·尹继善《（乾隆）江南通志》卷一五二谓："大兵南下，鼎归诚，镇安庆。平定池阳水贼，各营流散妇女以千计，悉遣令还家。总督马国柱题留参决机务，剿张福寰，鼎功居多。"可知其生平大概。

黄鼎，《（乾隆）江南通志》卷一五二、《（同治）六安州志》卷二七、《（光绪）重修安徽通志》卷二三三、《（民国）怀宁县志》卷一四等，俱载其事迹。大意是说，明末黄鼎以秀才投军，由黄州通判改升河南总兵。清兵南下，投降洪承畴，为清廷走狗。官至提督。其妻邓氏独不降，拥兵数万，屯聚濠、泗一带山谷中，对抗清兵。总兵马国柱命其子招降，不从，又亲自前往。邓氏率众出见，将兵饷、簿籍交付后，又骑马遁迹山中。二人均曾追杀农民起义军，但一降清、一未降。李玉在剧作中对黄氏夫妇极力吹捧，而对农民军又如此仇视，自然反映出他严重的历史局限。但将变节分子美化为爱国英雄，又似因身处乱世、消息不畅所致。以李玉之气节追求而论，当不致如此。

以上剧目，有的至今仍尚演出。如京剧《洪羊洞》，即是由《昊天塔》改编而来。京剧中的《马陵道》、《孙膑装疯》以及秦腔的《孙庞斗智》、河南梆子的《骂庞涓》，又与《七国传》有一定渊源关系。至于《连城璧》，川剧有同名剧作，京剧有《渑池会》、《完璧归赵》、《廉颇负荆》（即《将相和》），河北梆子也有《廉颇负荆》，秦腔有《和氏璧》，都或多或少地受到李玉剧作的影响。

（三）家庭伦理剧

李玉的剧作，内容十分丰富，除以当代实事、历史故事为题材的剧作外，还有些作品涉及家庭伦常、人伦道德等生活层面的内容。《万里圆》即是其中之一。

《万里圆》一剧，叙清初盛传于江南的黄孝子寻亲之事。本剧分上、下两卷，上卷为第一至十四齣，下卷乃第十五至二十七齣，凡二十七齣。其中第十八齣至二十齣已佚，仅存二十四齣。

本剧大意说，明末书生黄孔昭（字含美）乃宦门之后，居苏州金阊门内，娶妻朱氏，生子向坚，潜心为孝。娶妇颇贤，一孙尚幼。孔昭举人及第，新授云南大姚县令之职，遂偕妻及孤侄向严同往任所。儿、媳送至吴江，始别。未几，京师为起义军攻破，福王朱由崧即位于南京，年号弘光。任命史可法为淮抚，视师江、淮。然而，此时之小王朝，将骄卒悍，贪图享乐，朝中权臣作祟，交相蒙蔽，文恬武嬉，无意恢复。史可法欲上殿面君，献防御之策，靖南侯黄得功，拟进京求粮，二人邂逅于途中。入京后，弘光帝耽于宴乐，一味敷衍，拒绝相见。又求于权臣马士英，马据拥戴之功，傲慢无礼，一味推诿，虽掌钱粮出入，却拒拨军饷。时清兵南下，已渡过黄河，史、黄只得回归本职，加意防护。在云南，元谋县土司吾必奎起兵作乱，黔国公沐天波调遣临安土司沙定州率兵镇压。沙定州又叛乱，杀入沐府，女

黄向坚《黄孝子寻亲纪程》书影

卷多投井身亡，天波偕二子逃亡永昌。沙乱方定，川兵又来掠夺。大姚县惨遭屠戮。黄孔昭赴省辞官，欲回故里。

几年后，值时乱年荒，加之新朝地方官清查前朝官员，黄氏家产几遭籍没。黄向坚（字端木）与父母阔别九载，担心双亲安危，欲辞别妻子，并写下遗书及家中薄产清单，前往寻访。同宗黄承祐（字上枝）、门婿殷尊来（字佐臣）赶来送行，再三劝阻，然向坚思父母情切，执意不从，遂于腊月初一孤身登程。黄孔昭由大姚回返，流落白盐井，衣食不继，靠其侄向严砍柴变卖以谋生计。一川兵由南京流浪至此，细说清兵攻打江南、洗劫苏州之情状，黄孔昭思念家乡亲人，忧心如焚。黄向坚一路跋涉，由杭州至严、衢诸州，出玉山，下广信，过贵溪、弋阳，时遇盗贼劫掠，野兽伤人，“佳山佳水，尽成苦况”（第十一齣）。至除夕，始达许湾投宿，从过客口中得知，前途更为险恶。乱兵滥杀无辜，关津盘查甚严。然为寻父母，他稍作休憩又登程。路经抚州状元岭，天降大雪，甚是寒冷，又遇强盗贾老虎抢劫，剥去衣物，仍强忍饥寒，冒雪前行，跌而晕倒，为山寺僧人所救，赠以衣物盘缠，又前行。由湘乡渡江而西，上宝庆府，至武岗州，过王陵溪，出洪江关，上桃子岩、大龙壁，抵水流湍急之三溪，过独木桥，为浪打而落水，被船家救起，知其为孝子，便送他渡过此溪。黄孔昭寄居盐井，幸有当年秋闱所取士王用宾（字殿飏）等时加接济，勉强度日。黄向坚一路奔波，与滇南大将军兵马相遇，疑其为奸细而被绑。后来，将军得知其为孝子，特开批条放行，令其往大姚寻父。至关索岭，去庙中小睡，恰有官员前来祈雨，不容闲人入庙，遭训斥。说来也巧，祈雨之众官吏多与其父相识，怜为孝子，赠白银二十两等，

令向坚往盐井寻访。

江宁按察司派人来苏州，捉拿前朝官吏亲眷以勒索钱财，向坚之子占雯被锁拿。幸而黄承祐赶来，打散官差，救出占雯。黄孔昭在盐井，日与五叶庵老僧参究佛理，并于友人处借得李贽《续藏书》一部，爱不释手，极口赞许卓吾"一代伟人，千秋法眼"（第二十三齣）。当读至此书所载文安人王原千里寻父、十年始觅得父归之事时，感慨顿生，盼子前来。恰于此时，向坚寻访至此，与砍柴的向严相遇，得与父母聚首。孔昭遂以销假补官为名，赚开关门，赶往家乡。向坚妻吴氏，偕子占雯苦度时光，至端阳节，儿子读书费用也无钱交纳，困苦异常，只得以针黹贴补家用。不久，孔昭带家人跋山涉水，历尽艰苦，终于回到苏州，举家得以团圆。

作者声称"宫商谱入非游戏，为忠孝传人而已"（第二十七齣），撰写此剧，是为忠孝者立传，所叙述的乃是发生于明末清初的一件实事。清初著名散文家归庄所写《黄孝子传》一文，记载黄向坚寻父之事甚详。略谓：黄向坚，字端木，祖先为常熟人，后迁于苏州之西郊。其父黄孔昭（字含美），明崇祯六年（1633）举人。崇祯十六年（1643），被选为云南大姚知县，偕妻及弟之孤子赴任，向坚留家。清兵南下，两京失守，连年战争，行旅断绝，向坚思亲更切，遂不顾亲友劝阻，辞别妻子，挑起行囊，穿上草鞋，打一把雨伞，开始了艰难的寻父历程。前后达五百三十余日，经历七省、三十三府，州县卫司、关驿镇寨不可胜记，步行二万五千余里，始寻得其父。剧中所写，大都本之于史实。如去时之路线，至杭州，渡钱塘，历严州、衢州，入玉山，至抚州，渡湘江，历宝庆，至武冈州，剧中皆如实而写。因操吴音，被疑作奸细，主帅以其为孝子始放行。本剧第十六龄即叙此事。在关索岭，他力竭而昏倒，为老僧所救，见于本剧第十二齣《跌雪》，不过，将事情发生的地点改在抚州境内。沙土司作乱，沐藩失守，第六齣曾叙及此事。黄孔昭在琅井的友人书案上，得读李贽《续藏书》，对王原寻父事称道不置，则见于本剧第二十三齣。凡主干情节，大多见于《黄孝子传》。唯归途种种经历，剧作从略。

黄氏苏州家中生活窘况，归庄文中很少叙及。《明史》中收有浙江黄岩人黄孔昭(字世显)，官至南京工部左侍郎，生于明宣德三年(1428)，卒于弘治四年(1491)，与苏州黄孔昭事无涉。剧中所叙王原事，见于李贽《续藏书》卷二四“孝义名臣”内。大意是说，文安百姓王原，当他尚在襁褓之时，其父王珣为躲避繁重的赋役，就孤身逃亡在外。二十年后，王原长大成人，娶妻方月余，便立志寻父，声称:“人而无父，何以为人?”与亲人哭别。他初达涿鹿，转而东行，走遍齐鲁之郊野，到达四横岛。又赶往清源，渡淇水，入辉县，在梦觉寺寻得其父，相拥而哭，归而与家中亲眷相聚。此时，王珣已六十四岁。因此事与黄孔昭相类，故其读至此文而感慨顿发。据说，这一剧作写成后，经常演出于苏州一带春、秋两季的祭神活动中，在教育后代孝顺父母上，产生很好的社会效果。据《(同治)苏州府志》(卷八九)记载，蒋宇均之父蒋煇，任贵州龙里典史，因事得罪，被发配新疆。宇均万里相随，寸步不离。后因母病返家，终日侍奉。母亡，葬母后仍回戍所。五、六年中，不畏万里路途之险，往返四次，直至父归。其侄蒋大镕曾仿照《万里圆》作传奇以传播其事迹，足见本

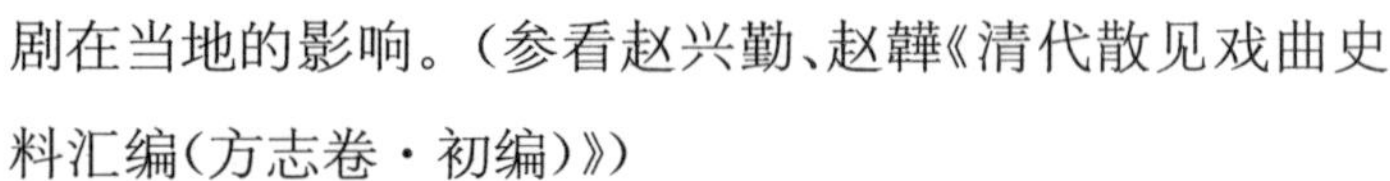

剧在当地的影响。(参看赵兴勤、赵韡《清代散见戏曲史料汇编(方志卷·初编)》)

另一部传奇剧是《人兽关》,所反映的乃是朋友、亲眷、主仆之间的伦常关系。本剧也分上、下卷,上卷为第一至十五齣,下卷乃第十六至三十齣。值得注意的是,本剧没有按照传奇剧写作惯例,以“副末开场”(或称“开场家门”、“家门大意”等)冠于其首,而于第一齣《慈引》中,以姑苏各方土地神登场,并引出南海观世音菩萨说法,就“世人贫贱二观,炎凉异势,负德背恩,忘却本来面目”(第一齣),演述施济轻财好义、桂薪负义忘恩一段故事,并感叹“禽兽衣冠在”(第一齣),“如今世上有钱的,何人不负心也”(第一齣),以针砭世俗,给背德忘恩之徒施一棒喝,由此引出故事搬演。

本剧大意是说,茂苑(今江苏苏州)施济,字近仁,饱读诗书,却不愿为礼法所囿,无意功名,遂耕读度日。他性喜山水,妻子亡故,续弦严氏,生子施还,相伴为生。同窗俞德(字庆庵),新迁山东廉访使。施济在虎丘僧悟石禅室设宴为之饯行,见寺庙倾圮,乃捐三百纹银令僧修复。

赵兴勤、赵韡《清代散见戏曲史料汇编(方志卷·初编)》书影

当地财主桂薪,家产败落,官府逼勒甚急,初卖女儿,仍难以偿还,又长街卖妻,以偿官债。临洮客商田老爹,以贩羯羢为生,货值银万两,常住苏州,欲讨一房家小,遂以十两纹银,买桂薪之妻尤氏身旁服侍,并收得婚书。桂薪卖掉妻子虽有剜心之痛,但官债仍难以偿清,尚欠银二百四十两,便往浒墅关亲戚处告借,然

一无所获。他又去梅花楼门徒处求吃食，结果吃了闭门羹。恰其朋友苏友泉、吴中片、董古儿诸人，携酒肉来虎丘千人石聚饮，且请歌女唱歌侑觞。桂薪腆颜凑近，想讨点残羹冷炙以充饥肠。众人尽管曾受其大惠，一度相交甚厚，然一见其落魄，竟视同陌路，闻呼而不答，索性起身径往悟石轩看戏。此际，桂薪见家破人亡，妻子被卖，朋友冷脸，孑然一身，官府又按时追索所欠债银，深感世态炎凉，人情冷暖，生活无望，欲投剑池自尽，恰巧施济赶来，将其搭救，并以三百两纹银相赠，令其偿还官债，赎回妻子，与亲人团聚。

严氏见丈夫乐善好施，视钱财如粪土，既助大士殿修缮银三百两，又以相同数额银子助桂薪偿还债务，如此轻财，家业实难持守，故再三叮嘱儿子施还，刻苦读书，以谋取功名。时天降大雪，施氏与妻、儿饮酒赏雪，桂薪偕妻、女登门道谢，并声称甘为犬马以报恩德。施济待之以酒饭，并各赠以衣物。当听说他们无处安居而栖身古庙时，便将自家园屋相让，并助以薪米之费。待桂家安顿好之后，施济又令管家送去白米、银钱等物。桂薪大喜，请管家上座，尊为上宾。次日，偕女登门再谢，欲将女儿送与施济为妾以报大恩，遭施济严拒。施济见此女与儿子年龄相仿，便认作儿媳。桂薪回来后，在施家园屋内挖出许多坛金银，他本想告知施家，但为妻子阻拦，遂将银子匿起。自此，桂家生活富足，日日酒肉。

李玉“一人永点”书影

桂薪妻弟尤滑稽，本为县吏，

因未能赔补钱粮，锒铛入狱，妻死子亡，家无片瓦。出狱后，饥寒难耐，晕倒于雪中，被桂薪救往家中。因施济家有良田千顷，被举为粮长，承担收粮并押解入京的重任。不料，船至中途，黄河浪急，船毁人亡。官府令其全额赔偿粮款，又逼其打造船只，并将施济扭送官府。严氏拿出金银，交付桂薪前往官府打点。施济终被放归，然缘惊吓而身染重病。桂薪见施家衰落，先令尤滑稽去其故乡龙游购置房产，后携金银与家眷迁去。

浙东海寇频发，朝廷命山东廉访使俞德佩印登坛，节制闽、广，提师征讨。他欲先往嘉禾（今浙江嘉兴）进发，将女儿送往家乡居住。自施济亡后，施家田园荡尽，朝不虑夕，生计艰难，房舍业已典卖，被买者驱赶出门，无处安身。施氏母子无计可施，欲往龙游投靠桂薪，以完儿子亲事。此时，桂薪已成龙游第一富豪，珍珠满箱，黄金斗量，田连阡陌，房舍凌云。家既富有，又想谋官，为尤滑稽所撺掇，欲动用数千两白银，往京中买取功名。施还前来拜访，桂薪冷面相对，仅留一饭，便令家丁将其拽出府门，丢纹银一两，扬长而去。桂薪之子则对施还毒打、折辱。施还归来店中，向母亲严氏哭诉遭际。母忆及往事前情，愤然难平。店家王婆见状，深为同情，亲自上门见尤氏，代为求情。不料，尤氏不仅一口否认施家当年资助三百两白银之事，就连儿女婚姻也矢口否认。而桂女贞儿，为人贤德知礼，对父母瞒心昧己之恶行甚为不满，便私下托王婆给施氏母子送去金钏一副、白银十两，并声称婚事既定，生死不负。施氏母子闻知，大为感动。然因投亲不成，只得回返，行经钱塘江，因风高浪狂，船翻落水，幸而俞德平定海寇回朝，也路经钱塘，命人救起，细加盘问，始知是故人亲眷，而多加照拂，并当即将女儿许与施济为妻，结两家姻好。

尤、桂二人进京谋官，全凭尤一人四处张罗，仅预购官服，就花银数千两。施氏母子回乡，得俞德相助，赎回旧房。他们修理房舍时，于阁板上发现先人账簿，一一得知埋银处所，遂逐个发掘，家业复振。但是，当掘至园屋所藏金银时，见所埋十瓮，皆空空如也，始知为桂薪窃去，也无意追究，而听之任之。然而，尤滑稽是用姐夫银钱运作于当道，为己谋得一亲军指挥使之职。他将桂薪仅剩的三百两纹银也搜出，占为己有，又令店家将桂驱出。桂薪气恼异常，欲刺杀尤滑稽未果。此际，桂薪之子出猎，因踩坏乡宦庄稼，被毒打身死，田地也为他人夺占，家产为大火焚烧，仆僮四散，尤氏患癫痫之疾，时常昏迷，家境又回到当年情状。桂薪归乡，见家产化为乌有，妻子亡后变狗，悲痛羞愧，拟送女儿往苏州成亲。未久，施还高中探花，奉旨回乡完婚。桂薪来到施府，见如此荣耀，误以为是别家府第，刚进门就被仆人逐出。一旦问明就里，更羞愧难当，无地自容，只得暂回船上。恰尤滑稽因作战失机被锁拿问罪经此，二人得以相见。后来，桂薪求俞德相助，始得与严氏相见，施还择日成婚。

本剧故事采自明邵景瞻所作文言小说《觅灯因话》卷一《桂迁梦感录》。据邵氏《觅灯因话》“小引”，此书写于万历壬辰（二十年，1592）。当时，他读书于遥青阁，案头有瞿佑《剪灯新话》一书。来客见后，爱不释手，一直读到半夜才罢。晚上，二人抵足而眠。客人讲了许多怪怪奇奇之事，使作者大为心动，呼童点燃灯烛，有选择地记录下这些感人的故事。《桂迁梦感录》即是其中之一。

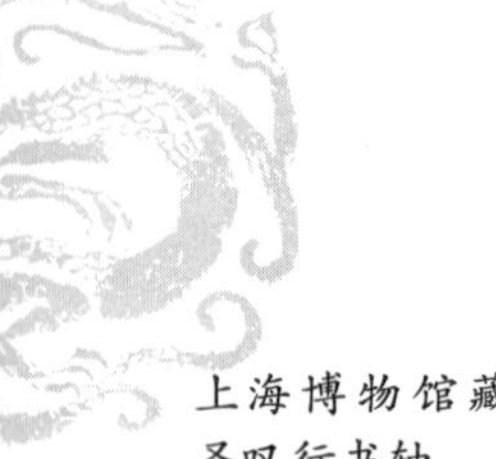

据小说所载，故事发生在元朝大德年间。叙苏州人施济，为人超绝群伦，负有气节，年四十而无子，性喜游历山水。戏曲所叙，与之大致相同。小说中桂迁，为施济少年时同学，其家产破败，是由于贪图货卖之利，将家业抵押于李平章家，因经营不善，又中途遇险，货运船只为巨浪吞没，债主逼索偿还，故不得已欲典妻卖子。施济闻知此事，代为偿还债务，且不立字据，使桂迁大为感动。因李平章催逼甚急，桂迁无处安身，施济始将前村土地、房舍让与桂迁经营。桂迁欲将小儿子作人质典押，为施济拒绝，而并非女儿。这一点，与剧中所叙略有不同。桂氏掘得施氏先人所藏窖金，转移至会稽，而非剧中所写龙游。小说所写，施氏母子至会稽后，寄居旅店。施之子曾三抵桂氏之门，频遭冷眼。且桂妻故意刁难，曾扬言若能取出当年借据，始能偿债。施母气恼异常，抑郁身亡。剧中所写，则为施母回归乡里，直至儿子富贵荣身，仍安然无恙。且剧中桂迁妻弟尤滑稽，在小说中乃同乡刘生，性善滑稽，奔走京津多年，并称手眼通天，愿为桂上下斡旋，谋取功名。桂迁梦中变为犬，见妻、儿也变成犬，且因饥饿难忍，同吃小孩所排粪便，因梦而警醒，往苏州访得施氏子，将女儿嫁与其为妻，并厚葬施济夫妇。他率子、婿还乡，三分家产，成了会稽名家。剧作则无此类内容。而俞德父女，也为本剧增出之人物。其他情节，本剧与小说同。

上海博物馆藏金圣叹行书轴

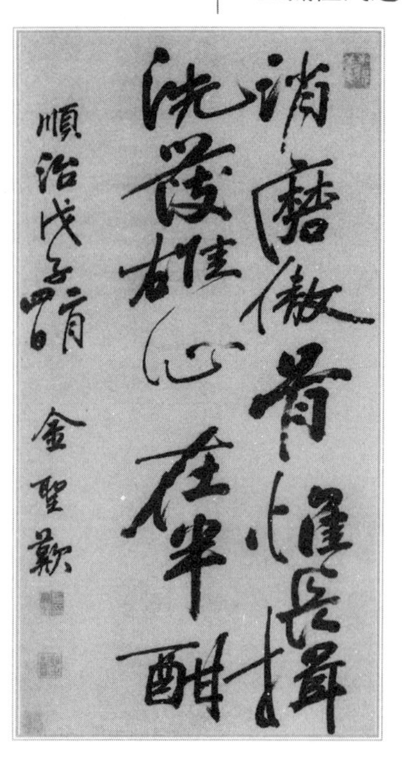

本剧所写时代，文中并未明确交代。

由作品第二龅《离樽》叙述俞德新授官职“山东廉使”来看，似是元代。“廉使”，即肃政廉访使。元至元二十八年(1291)始将提刑按察司改为肃政廉访使。元代统治者将所辖地域分作二十二道，每道设有廉访使、副使等职。山东设有东、西道肃政廉访使，但由第十五龅《旌旋》俞德自述“久任青徐廉访”来看，又与《元史》所载不符。徐州属河南江北道肃政廉访司，金属山东西路。青州，唐时称青州，金为益都路总管府，元沿其旧，属燕南河北道肃政廉访司辖区，非山东。可见，剧中所写，并未完全参照史实。另外，作品于本龅还称，“浙东海寇窃发”，又似在写明代事。据史书记载，浙、闽一带，山峦叠起，形势险要，灌木繁盛，道路狭窄，易于藏身。而且，括苍山一带又有不少产贡金的矿坑，巨大的利益吸引，使得一些人趁机而起，趋之若鹜，跳穴其间，劫掠钱财。地方官派兵追剿，然因地形复杂，难以奏效。加之东南沿海，倭寇出没于海岛，杀掠居民，劫夺财物，为沿海百姓之大患。尤其是浙东的松门、金乡、平阳、宁波、定海、台州、黄岩、象山、绍兴等地，数罹其害，百姓苦不堪言。如此看来，俞德率兵征剿浙东海寇，乃是反映的明代现实。作家似是有意模糊时间概念。

还有，剧作第三龅将小说中所写的桂迁于货物转运途中出了问题以致家产荡尽、债主逼索，改作欠官府“黄帛绢钱粮五百两”，为“京中差官”所逼，而家破财散、典卖妻儿，而自身却“做俘囚”，是明言因“欠官债”而三日一追比。“比”，追征、催征钱粮之意。至于为何欠，作品并未作交代。这一情节的改动，事情虽小，却似有意影射清初的江南奏销案。据史载，清顺治十八年(1661)正月末，朝廷降旨吏、户二部：钱粮为军国所急需。管理此事的大、小官员，应加意催促，按期交纳。然而，直隶各省却拖欠许多钱粮，以种种借口迟迟不予缴纳。对不尽职之官员，应严加惩创，以示劝惩。此前，吴县新任知县任维初，为追逃拖欠，曾在县衙严刑拷打欠赋税者，还盗卖漕粮。这大大激怒了当地士绅，以致引发出顺治帝丧期，百余名秀才去孔庙痛哭并口出怨言之事。江宁巡抚朱国治借题发挥，以惊动先帝之灵、“聚众倡乱，摇动人心”、抗清谋反等罪名，将为首者逮捕，倪用宾、金圣叹等十八人被处斩刑。

剧中所写施济被举为粮长事，乃晚明实事。据顾公燮《丹午笔记》“籍富民为粮长”条记载：“明末，江南岁输白粮于京师，例用富民主运，往往至破产。”当时，官府先将富户登记在册，五年审定一次粮长人选。凡是在册的富人，争着穿起破烂不堪的衣裳，打扮成穷人模样，弯着腰哭喊着请求官府免除粮长之役。因运粮途中，风波无定，一旦船覆，则家破人亡。即使安然到京，由于胥吏的层层盘剥，大概十六釜能剩下一石就已万幸了。“釜”，乃古代的一种量器，一釜为六斗四升。“石”，也是量器，十斗为一石，十升为一斗。如此说来，一百多斗粮食，运到京师后，也不过仅能落得十斗，官吏之盘剥是何等严重。作者采之入剧，具有很强的现实针对性。

当时，江南赋税特重，名目繁多，百姓不堪重负。朱国治先在无锡、嘉定二地催征，又把苏州、松江、常州、镇江及其附近的溧阳县欠纳钱粮情况上报户部，牵涉士绅二三千人，11346 名生员俱被斥革，名曰“奏销”。据说，当时县中监狱所关者多为拖欠钱粮之人，以至几无立足之地。而且，不论情况是否属实，都要进行严刑拷打。著名文士吴伟业、汪琬等，也难幸免。就剧中对这一情节的描写来看，与奏销案中种种事件有些相仿，当有影射清初苏州一带生活现实之意。由此而论，本剧的成书时间，当不会早于清代的康熙初年。

《人兽关》自问世之日起，便不断得以演出。《缀白裘》、《纳书楹曲谱》、《集成曲谱》等书，均收有本剧之单龅。本剧中的《演官》（即第二十三龅《痴拟》）、《幻骗》（即第二十五龅）、《恶梦》（即第二十六龅《冥警》），更成为昆曲舞台上常演之折子戏。

（四）婚姻风情剧

在李玉的剧作中，有些作品从不同角度反映了古代人们的婚姻生活、儿女风情，对于我们了解明清之际世俗社会的婚姻价值追求、爱情缔结取向、择偶标准抉择等，提供了形象化的资料，与晚明冯梦龙的“三言”（《喻世明言》、《警世通言》、《醒世恒言》）、凌濛初的“二拍”（《初刻拍案惊奇》、《二刻拍案惊奇》）所描绘的世俗世界，共同构成了绚丽多姿的丰富画面。他的《永团圆》、《占花魁》、《意中人》、《眉山秀》等剧作，就生动地反映出这一方面的内容。

“三言二拍”书影

《永团圆》一剧，也作上、下两卷，凡二十八龅。上卷由第一龅《虀志》至第十四龅《巧合》，下卷则由第十五龅《雌吼》至第二十八龅《双合》。上、下卷分配匀称。“虀”（读 jī），是指切成细末的腌菜或酱菜。剧中蔡母有“将釜中薄粥，瓮内黄虀，少充饥腹”（第一龅）以及“乐虀盐清风无靦，守松筠匪石心坚”（第一齣）之语，以齑盐恬淡的艰苦生活，砥砺儿子刻苦好学、积极向上之志，故以“齑志”为第一齣标目，作者之创作心理隐然可见。

本剧叙金陵桃叶渡书生蔡文英，字长卿，父早亡，偕母陶氏相依为命。虽满腹才学，但一贫如洗，家徒四壁，困苦异常。虽与本地富豪江纳（别号百川）之长女兰芳有婚约，却因家中贫寒，无力迎娶。延安侠士王晋，为进取功名至金陵，访友不遇，滞留于旅店，雪后天晴，晾晒羊裘，为上街闲行的蔡文英所见，驻足而观。王晋知其贫寒，慨然以皮袄相赠，令文英大为感激。金陵南门外村坊举行庆丰收盛会，扮演各类故事，江纳约其友毕如刀同往观赏，恰蔡文英偕同王晋也前来，与江纳不期而遇。文英近前施礼问候，遭冷眼。江纳回到家，即采纳帮闲毕如刀建议，请“来往尽门生故吏”（第五齣）的贾金（号郁斋）来府，密谋悔婚之事。次日，他请文英过府宴饮，逼其写下退婚文书，并退还聘礼百两纹银。蔡文英以需母亲画押为名，赚回退婚文书，径回家中，说知底细。又出后门，真奔府衙，击鼓鸣冤。应天府尹高谊，别号云天，爱民如子，嫉恶如仇，闻知江纳嫌贫爱富，无故悔亲，立即将一干人等传唤至府衙，要江纳赔偿白银六百两，方许退婚，然文英不愿退婚，双方僵持不下。贾金贪图赏金，欲往府衙代江纳投递诉状，学中朋友闻知此事，寻得贾金，当面斥其“与铜臭作犬马”、“衣冠禽兽”，并同往府衙，声援蔡文英。

江兰芳对父亲赖婚之事大为不满，趁家人不备，于黄昏时分逃出府去，来到水西门外，欲投江自尽。恰巧江西刘义夫妇往泰安州进香，泊舟于此，闻声将其救起。江纳见女儿走失，焦急万分，无计可施。新年过后，高府尹重理此案，并传唤涉案诸人，当堂将江纳所缴六百两银子交与蔡文英，令其领江氏回家成亲，并对江纳说道："你欲退婚，无非嫌蔡生贫穷。如今他有了六百金，在一书生不为贫了；况女貌郎才，合是一副。我如今把你女儿完配蔡生，你也休得再讲。"(第十四齣)江纳因长女出逃，恐官府问责，暗地让次女蕙芳顶替。结果，弄假成真，府尹将公堂作喜堂，当场让他们配为夫妻，令江纳懊悔不已。

雄鸡泊任金刚，以开酒店名义，专门劫掠过往客商。他身边有赛昆仑力大无穷，心粗胆大，供其驱使。任妻雷氏，性烈如火，颇为强悍，对他严加约束，"不许淫人妻女"，否则正以家法。

蔡文英新婚，夫妇共叙衷曲，蕙芳始道破真相，称是代姐而嫁。文英闻知就里，大为惊讶，决计去江边寻找兰芳。江纳本想赖婚，结果赔银七八百两不说，又将次女搭上，长女也下落不明，懊恼异常。新春刚过，他去江边寻女，恰遇醉酒之毕如刀，思及家中遭际皆是因该人而起，遂大声斥骂。毕欲借故逃脱，又与蔡文英相撞。江纳闻声赶来，三人发生争执，文英被殴打。王晋江边闲行，打散江纳诸人，将蔡文英救下，并代其捐纳，令他入北监读书。

刘义救起兰芳，将其收养，同往泰安州进香。又担心女子貌美为歹徒骚扰，故将她扮作男装同行。路经雄鸡泊，遭任金刚等强人打劫，兰芳被抢入山中打草喂马。雷氏见其为俊美男子，遂起意，当得知乃是女子时，妒性大发，罚兰芳入厨下做苦力。蔡文英入北国子监读书，音讯难通，家中母、妻挂念不已。此时，江纳登门，言语羞辱，并劝女改嫁豪门。话语未了，有人以蔡文英功成名就、名登金榜相报，并讨要赏钱。江纳见状，一反常态，热情异常，将报录者请至家中设宴饮酒，又主动要求把亲家母陶氏及次女迁至自己位于三山街之房舍居住。

应天府尹高谊，三年任满，入京复命，途经汶上县，误投任金刚黑店。任见他为官吏模样，认为必有钱财，欲趁夜色杀人劫财，事为兰芳窥知，趁金刚喝酒之机，潜入客房，将真情告之高谊。高谊等人立即拨墙而逃。汶上县得知此事，派人捉拿凶徒，歹人闻讯而逃，唯兰芳被捉拿归案。高谊得知实情，又感其救命大恩，便收为义女。未几，王晋为大司马所荐，得授济南把总，驻扎宁阳县。文英被任命为兖州府宁阳县尹，不日启程赴任。江纳本来早已捐监，又花费六七百两银子，补得东阿县主簿一职。高谊升任山东巡抚，路经涿鹿驿，江纳受李巡抚之命，前往拜迎，被收做巡捕官。蔡文英到任，接家眷同住，政简刑清，百姓安然。不料，任金刚等强徒，化装成锦衣卫官吏模样，径来宁阳县衙，以文英为人质，欲劫持县库银两。蔡文英见状，佯装应允，以县库银两不足为名，称代为挪借，将消息暗自传递于把总王晋。王晋参破机关，手提装石块之破箱，带干练随从同往，一举擒获歹徒。

蔡文英前来拜见巡抚高谊，当面致谢，高谊以女儿婚事相许，文英以“糟糠有妇”回绝。高谊不容其分辩，也不道破原委，称择定时日，送县衙成亲。兰芳偶入义父书房，见题名录上之蔡文英已娶江氏为妻，甚是纳闷，经义父讲明就里，始知此江氏乃是自己的胞妹。蕙芳得知文英将再娶抚台之女，也甚为恼怒，责夫“怜新弃旧”、“趋炎附势”。佳期来临，花轿进门，蕙芳始知所送新娘原来是其亲姊。

本剧中地名，大多有据可查。如金陵（今江苏南京）的三山街、水西门等，至今仍沿用其名。又如第二十一龣叙及的新桥驿，新桥镇在山东东平县北八里大清河西岸。金、元时为县府所在地。此处明、清时当有驿站，由江南入京，必当由此经过。这些地名在剧中出现，为我们了解作者在当时的行踪提供了可靠的线索。剧作家若非对金陵比较熟悉，如何连三山街这不为一般人所知的地名都写入剧中？如果没有入京的经历，怎么连新桥驿也点缀于本剧情节之内？这一点，文献不见记载，也是论者最容易忽略的。

本剧故事不见所本，可能出自作者杜撰，但个别情节也有受古剧影响之印痕，如江兰芳投水自溺，为进香者刘义夫妇所救，与《荆钗记》中钱玉莲抱石投江，被乘船路经此地的官吏钱载和搭救，情节有些相似。再如巡抚高谊迫使蔡文英与义女成婚，情节又近似于《琵琶记》中牛丞相逼蔡邕入赘之事。对此，冯梦龙《永团圆》“总评”业已指出。另外，冯梦龙有《永团圆》的改订本，增出了“登堂劝驾”、“江纳劝女”诸情节，让蔡文英执友王晋得见蔡母，江纳劝慰蕙芳认可文英新娶诸事，以使情节更为连贯。

此剧问世后，产生较大影响。明末菰芦钓叟所编《新刻出像点板时尚昆腔杂曲醉怡情》选有此曲单龣。昆曲选龣《旧曲钞本》第五册收有本作绝大部分内容，《鳌志》、《侠赠》、《会衅》、《疑宴》、《诡离》、《绐使》、《控休》、《赚娇》、《娇合》、《述缘》、《觅

《墨憨斋定本传奇》书影

诟》、《邸庆》、《促姻》、《闺艳》、《双合》等龅，均得以入选。第八册所选与第五册略有不同，达十六龅之多。《缀白裘》初集选收本剧中《逼离》（即第七龅《诡离》）、《击鼓》（即第九龅《控休》）、《闹宾馆》（即第十一龅《赚娇》）、《堂婚》（即第十四龅《巧合》）、《讨代》（即第十三龅《讨代》）。其中，《会衅》、《赚契》、《逼离》、《击鼓》、《堂配》等，后世时常演出。

在李玉的这类剧作中，《占花魁》一剧最为著名。该剧也分作上、下卷，每卷各十四龅，凡二十八龅。冠于正戏开场前的“花引”，相当于传奇剧中的“副末开场”（或“开场家门”、“家门大意”等），不过另取一名目而已。

剧叙，北宋宣和年间，朝廷轻信蔡京、童贯、杨戬、高俅诸佞臣之言，凿池筑园，大兴土木，征花石之纲，惹天怒人怨，金兵趁机南犯，汴京危在旦夕。汴京人秦良，在种师中经略麾下任统制官，驻守荆门镇。生子秦种，尚未婚配。京师危急，秦良奉命领兵勤王，令子在家演习武艺。汴京女子莘瑶琴，本宦门之后，无奈父母双亡，依叔父莘内监度日。京师沦陷，徽、钦二帝与金相约议和被拘，不得回返。康王赵构从相州逃出，泥马渡江，得脱险境。莘瑶琴由仆人苏翠儿、沈仰桥夫妇陪同，逃出京城，来至扬州，与旧邻卜乔相遇。卜乔设计，将莘、苏诓至船上，载之而去。仰桥觅船归来，寻小姐与妻不见，便渡江南下，一路寻访而去。

秦种逃至临安，听说新帝登基，便寻一饭店住下，为店主朱仁老汉收留。卜乔将莘、苏骗至临安，先将苏翠儿卖往秀州为娼，又以百两银子的身价，将瑶琴卖入西湖塘边妓院。莘瑶琴中卜乔奸计，误入罗网，纵受皮鞭抽打，拒不接客。秦种少年俊美,朱仁家中婢女雪梅见貌起意,前来勾引,遭到严拒。事为朱仁无意中看到,对其品行越发敬服,便令其贩油发卖,以谋生计。老鸨王九妈见莘瑶琴拒不应从,便心生毒计,预先用酒把她灌醉,使其失身于富豪金公子,而自己却赚得大把金银。又让结义姐姐刘四妈苦苦诱逼,莘瑶琴急于跳出火坑,遂渐渐放松了警惕。祝方青、卫学士、张山人等无聊之徒,将临安娼妓都邀至片石居饮酒,以品评青楼女子容貌之高下。此时,莘瑶琴已被更名为王美娘,也应邀出席,被举为“花魁”,自此名声大振。

沈仰桥自扬州失妻,一路寻至苏州近郊盛泽镇,于卖唱者中发现苏翠儿,夫妻得以相认。秦种走街串巷卖油,无意中发现美娘美貌,心生爱恋,禁不住偷觑。自此之后,时常来妓院门口卖油,希图再得一见。一日,他暂停卖油生意,又去原地等候,恰美娘应齐太尉之约,登湖上官舫弹唱,便登酒楼小饮,欲再睹美丽容颜。骗子卜乔所得银两早已挥霍殆尽,为餬口计,遂往上天竺云汉阁出家为僧,法名海潮,然品行恶劣,仍贪恋美色。沈仰桥得许瞻云资助,将妻赎回,共往临安打探莘瑶琴消息,并在九里松开一茶馆,赖以谋生。仰桥以事外出,翠儿与伙计打理生意。卜乔来店饮茶,双方业已认出,但并未点破。卜乔心中暗喜,欲再设计谋,骗翠儿上钩。他先付仰桥银子,让其往湖州贩丝绸,将其支开。不料,事早为沈仰桥识破。他暂将银子收下,以观其动静。卜乔一旦探得仰桥偕伙计外出货卖,便潜入茶馆,以图奸宿。翠儿虚与委蛇,先饮以酒,又让奸僧脱衣先睡,然暗将其衣物藏起。此时,沈仰桥及伙计应声而至,卜乔惧甚,赤身躲入空箱,

翠儿趁机锁箱。仰桥寻来绳索、杠子，将箱子抬出门去，行走之间，忽遇巡城官吏，乃弃箱逃跑。临安府尹袁严，命人打开箱子，见内中有一裸僧，知必为偷情行奸之徒，便下令仍将箱子锁起，抛入钱塘江中。

秦种自见美娘之后，情难割舍，欲再睹芳容。他好不容易积得十两纹银作为见面之资，便穿起新置办的衣物前往，然美娘忙于应酬，未得一见。十日后又往，美娘则应俞太尉之约游西湖，至傍晚仍未归。鸨儿王九妈将他送往美娘房中等候。至二更时分，美娘大醉回房，倒床而眠。秦种唯恐其着凉，用衣物覆盖其身，又捧暖茶供其饮。美娘酒性发作，欲呕吐，秦种担心污床上被褥，便用自己所买新衣袖口承接，并用新衣代其拭去口边秽物。然后，将新衣置于床下。次日清晨，美娘醒来，见秦种面生，惊问何人，并打问夜间醉酒经过，大为感触。临行，以二十两白银相赠，以报一宵之情。

万俟公子乃枢密院万俟卨之子。其父依仗奸相秦桧之势，把持朝纲。子则横行霸道，为所欲为。他几次约美娘出游，均遭拒，乃差恶奴打破房门，强行抢人去湖上陪酒，并借扮戏为名对美娘百般折辱，扯下首饰，剥去衣物，脱下鞋子，将她扔进十锦塘雪地中。美娘蒙受如此屈辱，深感绝望，欲投湖自尽，幸而秦种经过此地，将她救下。美娘脚疼，难以行走，秦种扶她走进一民居，欲令其稍作休息，然后唤轿子送她回家。不料，此正是沈仰桥夫妇住所，主仆得以相认，各道别后遭际。不久，鸨儿寻来，将他们接回家中。秦种与美娘当晚对天盟誓，订百年之好。王美娘执意从良，老鸨起初不允，幸有刘四妈从中斡旋，终于得以千两白银自赎其身，换回卖身文契，恢复自由身，与秦种结为夫妻，翠儿等也来同住。

秦良率兵征讨，剿灭伪齐刘豫，平定汴京，官封殿前太尉，文武百官欢聚于西湖，莘内监亦受邀登船饮酒。秦种与莘瑶琴去西湖法相寺进香，说来也巧，秦良偕莘内监也来寺内随喜，亲人得以聚首，各有封赠。

本剧是根据冯梦龙《醒世恒言》所收小说《卖油郎独占花魁》而改编，主干情节相去不远，人物身份稍有变更。如小说中莘瑶琴，乃汴梁安乐村村民莘善与妻阮氏所生。他们开有杂粮、油盐店铺，生活较为宽裕。遭兵乱，逃亡中与女儿分离，寻访无着，来至临安，身无分文，后为秦重收留，在油店中帮忙。而本剧中莘父官拜侍中，但未叙其名字，且夫妇均已亡故，叔父为内监。而小说中的卖油郎名叫秦重，母亲早丧，父亲秦良，亲手将他卖掉。看来，他当是个下层百姓，无任何职务在身，后来成为上天竺寺中香火公。秦重庙中烧香，得与其父相认。而剧中秦父是领兵打仗的统制，后因功升至殿前太尉、枢密副使。情节上，也略有差异。如沈仰桥、苏翠儿夫妇之事以及卜乔剃度为僧、刘豫僭位、秦良征伐、金兵南犯等，均是剧作增出。小说中所叙朱十老店中邢权与使女兰花有私情，邢权数进谗言，离间十老与继子朱重（即秦重）之关系，秦重被驱逐出家门，往众安桥下赁房居住。邢权盗钱财出走，十老病重，又召回秦重操持家业，以及十老病故秦

《卖油郎独占花魁》连环画

重继承其家产等情节，为减少头绪起见，均为剧作删削。冯梦龙《情史类略》也叙及此事，然事稍略。

本剧第十九齣《溺淫》所叙沈仰桥夫妇惩治淫僧、淫僧被府尹投之于江这一情节，出自明田汝成《西湖游览志余》卷二五“委巷丛谈”。大意是说，杭州西湖灵隐寺旁的九里松街，卖香烛纸马者居多。一僧暗恋一女，对其顾盼不已。事为该妇人看破，设计诱他上钩，说说笑笑，无所顾忌。这一僧人以为时机成熟，更为放肆。女子故意说：“丈夫在家，没有办法和你亲近。”该僧马上设法筹集银两，令女子之夫外出经商。数日后，果然看到其夫整装待发，大喜。这一日，他匆忙赶往妇人家，与她共同饮酒、进食。天色已晚，女子让他脱衣先睡，然暗中将其衣物藏起。此时，忽然传来急促敲门声，奸僧惊惶失措，藏身衣笼中。妇人随即将笼上锁，把丈夫迎进门来。夫妇将衣笼抬至街上，为巡逻的士卒发现，又抬入官府。临川府尹袁尚书发现内中是一裸僧，命人投入江中。本齣情节，完全依照小说所述而铺展。《曲海总目提要》卷一九在著录该剧时，称此故事出自《西湖游览志》，乃误记。

此剧也为多种曲选所收录。明末菰芦钓叟所编《新刻出像点板时尚昆腔杂曲醉怡情》第一册收有《占花魁》。日本东京大学东洋文化研究所双红堂所收藏“荩臣李怀邦集注”《荩臣氏雅集》第三册，收有本剧《暖壶》、《独占》二齣戏。清陈湘记辑“陈氏钞曲本”，凡收本剧七齣，即《拐骗》、《落娼》、《托业》、《卖油》、《扬花》、《得妻》、《赎身》诸齣。著名戏曲选集《缀白裘》所收，为《劝妆》（本剧第五齣）、《种情》（即第二十齣《种缘》）、《串戏》（即第二十三齣《巧遇》）、《雪塘》（即第二十三齣《巧遇》）、《独占》（即第二十四齣《欢叙》)、《酒楼》(即第十四齣《再顾》)。京剧《独占花魁》(一名《卖油郎》),即由此改编而来。川剧、秦腔、湘剧、河北梆子、评剧等,均有此剧目。楚剧则题作《酒醉花魁》。

《意中人》一剧,依然分作上、下卷,但篇幅稍长,上、下卷均为十六齣,凡三十二齣。剧中四川双流人史弘,号光远,小字玉郎。其父官拜礼部尚书,已下世。奉母文氏,耕读为生。他年已二九,入府学读书,然因婚事未成,便辞别母亲,以游学为名,寻访情投意合之人。山阴刘章(字鉴湖),曾居相位,因与权臣不合,归隐乡里,与老妻及女儿梦花共同生活。史弘由书僮青条陪同,经湖、广,过闽中,来山阴,寄居惠度寺僧舍。一日闲游,与持竿垂钓的刘章相遇,经攀谈,始知此人即父亲生前好友。刘章遂将史弘接来家中居住。

豪门恶少吴闻,家中富有,广有金银,欲寻绝色女子为妻,召来帮闲杨青雷计议。杨口称相国之女刘梦花才貌出众,堪充配偶,并自愿前往提亲。然而,事后他却移花接木,骗得吴闻白银千两,将己女杨赛姐假扮作梦花,嫁往吴府。吴闻生性痴顽,真假莫辨,自以为做了相国女婿,心中暗喜。打猎之时,与游赏山水的刘章相遇,以小婿自称,遭对方训斥责打,始知所娶非千金小姐。回家后,夫妇厮打成一团,赛姐反占上风。吴闻好不气恼。

史弘自入住刘府,与梦花时得相见,双方皆想测试对方诗才,一旦得睹所赋诗,相互倾慕不已。试期临近,史弘遵母命欲前往应试。临行,二人私会于熙春阁,隔墙絮语,当面订情。而后,他赴京应试。不料,司礼太监张邦宁奉旨来浙江点选秀女,吴闻因遭打而怀恨在心,对太监执门生礼，将刘梦花名字上报。刘章不敢抗旨，预备车辆，护送女儿入京。梦花见与玉郎婚事无望，临行前，恳求父母将婢女茜红认作义女，以续婚姻，得允。又留书一封，待史弘寻来时面交。

史弘入京会试，高中榜眼，循例拜会勋戚故旧。驸马都尉屠用坚，假意谦恭下士，实则网罗亲信。待史弘前来拜见，他硬要下聘，将侄女许其为妻。史弘以已定婚盟严词拒绝。屠用坚伺机报复，上报朝廷，令史弘不得归娶，而远涉重洋，往琉球国册封。刘梦花乘船至毗陵境，过淮安，至黄河渡，为恶梦惊醒，十分感伤，投水欲自尽，为由京回返的青条救下，主仆相认。他们担心朝廷降旨问罪，不敢返回山阴，而改赴成都双流。史弘航海封王，一帆风顺，归途道经江南，迂道来山阴探亲，误闻梦花投水身死，悲痛欲绝，又读梦花所留书信，更百感交集，勉从岳父之命，与茜红草草花烛，匆忙回京复命。刘章无奈，亲送义女茜红去成都双流，始知女儿安然无恙，父女抱头大哭，悲喜交集，遂将刘夫人接来同住。史弘因琉球封王有功，特擢翰林侍读，准其回家探亲。待其回至双流，始知事情真相，与梦花完婚。未几，刘章以太子太傅之职衔被起用，史弘也升任内阁学士，同进京供职。

《意中人》，又名《意中缘》，与清初李渔《意中缘》所叙事迥异。李渔之剧作，乃叙名妓林天素、女画师杨云友，先后寓居西湖，以绘画为生。她们慕书画名家董其昌、陈继儒之名，往来生情，分别恋爱许嫁。李玉的《意中人》与李渔剧作无涉，所叙事看似无所根据，其实不然。该剧既为才子佳人戏，当与同类小说有许多关合之处。说部《定情人》中男主人公双星，其籍贯、经历乃至婚姻的缔结，与

《意中人》中史弘如出一辙，而女主人公刘梦花，又与小说中江蕊珠如同一人。二者在内容上有许多叠合之处，其间的继承关系自不待言。但总体来看，剧作似当早于小说《定情人》。其理由如下：

一是对婚姻价值的理解上，戏曲与小说之间存在着一定的差距。

《意中人》剧作，尽管强调“夫妻二字，乃是情性之所相兼，必遇魂销心醉，方能适我意中，稍有一丝不甘，未免终留一隙”，故而，史弘要“自去寻访一个媳妇”（第二齣），已朦胧地表现出追求婚姻自主的思想。在他看来，婚姻的缔结，贵在“情缘”的投合。若“情缘不偶”，断然“不敢轻就”。这已远离了门当户对的门阀婚姻观念，是较为可贵的。同时，他还认为，男女之情的萌生，除了外貌的吸引外，还有内在的才学与品行。爱慕之心，“无非慕才而起”，所以，当对方颜值符合自己理想之时，接下来便是“试其才艺”。以才选才，相契两心，这就跳出了婚姻论财、男才女貌的旧有模式，注重的是当事人的条件相当、才学匹配，而不是家世利益的交换、政治的图谋，有一定的进步意义。但与《定情人》相比，在婚姻价值的理解、择偶标准的斟酌上，仍略逊一筹。

《定情人》书影

小说中双夫人，在儿子婚姻缔结上，明确指出需门当户对。而儿子双星所强调的是，“若论门户，时盛时衰，何常之有，只要其人当对耳！”（第一回）是当事者的条件相当、情趣相合，而不是家世利益。当母亲说“婚姻乃天所定”、“非人力所能勉强”时，他却认为，天意难以揣测，但人事“活泼泼在前，亦不能尽听天心而自不做主”，“自之做主，或正是天心之有在也”。（第一回）不信天命，而相信人力，力求靠自己主张个人的婚事，这在当时来说，自然具有摆脱礼教束缚、追求思想解放之意义。双星心目中的理想婚姻，乃“即不幸而贫贱，糟糠亦画春山之眉而乐饥，赋同心之句而偕老，必不以夫子偃蹇，而失举案之礼，必不以时事坎坷，而乖唱随之情。此方无愧于伦常，而谓之佳偶也”（第一回）。意思是说，婚姻当事者，不因对方的贫富、盛衰、穷达、贵贱而改变初衷，这才是真正的爱情、理想的佳偶。如果因身世变化、地位悬殊，而爱情、婚姻也随之转移，还有何“情”可谈？他心中的理想配偶，是“才美兼全”，“有女如玉，怎说不美。美固美矣，但可惜眉目无咏雪的才情，吟风的韵度，故少逊一筹，不足定人之情耳”。（第一回）仅有漂亮的外表是远远不够的，还应有与之相应的“才情”，才能“定人之情”。“情”一旦“定”，便应“不移不驰”、“死生无二”（素政堂主人《〈定情人〉序》），而不能朝秦暮楚、得陇望蜀。这一爱情观，与《玉娇梨》、《白圭志》、《好逑传》诸才子佳人小说的表述，应当是一致的，其价值则远高于《意中人》一剧的表达。说明在明末清初之际，人们在经历了天崩地裂的社会动荡之后，对婚姻、爱情价值的理解也在不断深化、完善。如此看来，《定情人》的产生晚于《意中人》，当是不言而喻的。

二是女子对个人婚姻缔结的主动参与。

在古代，青年男女的联姻，靠的是父母之命、媒妁之言，当事者本人是无权过问的，故有“嫁鸡随鸡，嫁狗随狗”之说。在封建卫道者看来，女子就是服侍于人的，就是听凭男子发号施令的，决不敢自作主张。评判婚姻是非的标准，完全掌握在别人手中，屈从于所谓的家长权威或社会舆论。而《意中人》中的刘梦花，秉性聪明，长于翰墨。她见史弘相貌端雅，气度不凡，且又擅长诗词写作，甚敬重其为人，便产生向慕之情。但因男女有别，不能当面吐露心事，故情怀怏怏。在追求自由爱情的道路上，梦花虽说并没有采取过于激烈的举动，但此等心绪的表达，已违背了传统道德对女子的要求。直至史母催促史弘应试，二人分手在即，她深感面对如此"才貌两全的人"，绝不能当面错过，才令丫鬟茜红相告，约史弘在熙春阁相会，当面订婚盟。为别嫌疑，她隔窗以通款曲，说道："奴虽有心，还待父母之命；哥哥成名之后，向我父母求亲，万无不允。奴家今日一言既许，专候哥哥便了。"（第十二齣）还表示，"从今已后，相契两心"，纵然"地老天荒，今日盟言难废"。（第十二齣）然后，洒泪而别。继之而来的才是父母许婚。

而《定情人》中江蕊珠，与《意中人》剧里的刘梦花相比，性格则鲜明许多，对婚姻自主的追求上也表现得更为热烈、更为理智。她尽管对双星的"翩翩风流韵度"很是爱慕，也为对方诗才所倾倒，但却并不急于表白，所思虑的是对方"才貌虽美，但不知性情何如？性不定，则易更于一旦；情不深，则难托以终身"（第四回）。在蕊珠看来，"婚姻大事，其中情节，变换甚多，不可不虑"（第四回）。青年人心性不定，变化较多，故"不患其无情，而患其情不耐久。初见面既亲且热，恨不得一霎时便偷香窃玉。若久无顾盼，则意懒心灰，而热者冷矣，亲者疏矣。此等乍欢乍喜之人，妾所不取"（第四回），所强调的是"情贵乎专注"，反对那种"见花而喜，见柳即移"（第四回）、心性飘

忽、见异思迁的薄幸行为。她内心尽管已点燃起爱情的火苗，但外在表现上却“若亲若近，冷冷疏疏”、“悄悄冥冥，潜潜等等”（第四回），通过不同的渠道，采取不同的方法，来试探双星对爱情是否“至诚”，表现出难得的冷静与理智。这一自我保护意识，体现出该女子可贵的处世策略，在那种“始乱终弃”时常发生的封建时代，有着很强的现实针对性，直接影响到《红楼梦》里林黛玉在与贾宝玉交往中时而斟酌情感轻重的描绘，在古代小说林里是难得一见的妙笔。

假如说《定情人》产生在先，而《意中人》在改编时，不可能不留一点痕迹。所以，这又是《意中人》早于《定情人》的一个有力证据。

三是相关细节问题。

戏曲和小说在细节问题上，也有不少值得关注的问题。如第九齣《促试》中，史母文氏对儿子前程担心，说道：“今乃大比之年，试期在即；纵然不就婚姻，也要功名着意。我欲待寄书一封促他应试，又不知身在何方。我那儿嗄，教我做娘的好不放心也！”“大比”，科举时代称乡试为大比。乡试，是由各直省举行的人才选拔考试，故称省试。因其考试时间是八月，所以又称“秋试”或“秋闱”。秋试，每三年举行一次。届时，各府、县取得考试资格的读书人，聚会于省城，参加考试。考试合格者为举人。本齣中，后文所说“秋试在即，必须促他应试才好嗄”，即是此意。而至第十七齣《辞婚》，史弘登场却说：“下官自从离了山阴，入都会试，幸赖祖上书香，叨中榜眼。”作了琼林宴上客。前面称“秋试在即”，中间无有任何交代，却直接写赴礼部举行的考试中了进士，又经过殿试，被钦点为榜眼。很显然，前后情节有脱榫之嫌，忽略了情节的照应。礼部考试一般在二月举行，故又称"春闱"、"礼闱"。戏曲创作受时间、空间的限制，自然可以节略一些枝蔓的情节，但必要的交代还是需要的。而本剧中史弘，以一"入泮郡庠"的府学秀才，绕过省试，直接参加国家举行的遴才大典，当然是不可能的。这是作家在构筑情节方面的疏漏。而小说在改编时，可能已意识到这一问题，在情节铺叙中，这样写道："此时小姐神魂已定，心魄已宁，忽见说双星已中解元，又见说中了状元，又听见他守义不允屠驸马之婚，着人来接她，心中不觉大喜"（第十三回），使脱漏的情节得以弥合，这又是小说晚于剧作的一个旁证。

还有，剧作第八龅《和诗》，叙刘梦花"随景题情"，赋诗以遣闷怀，诗曰："落花飞絮满阶苔，似我愁萦扫不开。仰看泥巢双燕语，似曾相识故飞来。"史弘得读诗稿，赞不绝口，也随即和了一首："红紫交加映翠苔，名苑有意近人开。缘知不比群芳者，另有仙家遗种来。"而小说第三回，则改作江蕊珠不是就"眼前风景，吟诗一首"，而是在读诗时，"忽看见'无可奈何花落去，似曾相识燕归来'二句，忽然有触，一时高兴，遂拈出下句来作题目，赋了一首七言律诗"。乃是由于晏殊【浣溪沙】词句，引发出她的诗兴，才写了这首"乌衣巷口不容潜"的七律。这一改动，则自然合理许多。因为既然引用晏殊之成句，也不能仅说成"随景题情"。而且，作为大家闺秀，稍有闲暇，则诵读诗词，也符合其身份。

此外，剧作第十五龅《献美》，借纨绔子弟吴闻之口说："如今世界不论什么官员，斯文人便要钻去拜个门生。"虽似游戏之语，但却具有很强的针对性。晚明之时，吏治腐败，“卖官鬻狱，贿赂公行，悬秤升官，指方补价。夤缘钻刺者，骤升美任；贤能廉直者，经岁不除。以致风俗颓败，赃官污吏，遍满天下”（《金瓶梅词话》第三十回）。翦伯赞在《中国史纲要》一书中，曾尖锐地指出，当时的官场，“联朋结党，攀引门生，互相倾轧排挤，采用各种权术打败竞争的对方。张璁、夏言、严嵩、徐阶等人的出任首辅都是通过这些手段取得的。”（《中国史纲要》第三册，人民出版社 1979 年版，第 193 页）这主要是针对当时的吏治而言。而从读书人层面来说，晚明时，“诗书之道亏，而廉耻之途塞”（清・吴伟业《复社纪事》，《梅村家藏稿》卷二四）。因娄东张溥负有文名，一言褒奖可令人身价百倍。缘此之故，四面八方之文人，纷纷以所作文邮寄，拜称门生，以求沾溉，其中有真心向学者，也有借其名图谋功名利禄者，一时鱼龙混杂，纷争时起，也使师生之谊的内涵变了味，遭致不少正直之士的不满。如此看来，李玉在剧中称“如今世界不论什么官员，斯文人便要钻去拜个门生”（第十五齣），显然是有感而发，当是有所指的。而清初，由于统治者厉禁结社、拜门生之习，这类现象已明显减少，失去了现实针对性，故在小说中，则删去了赫炎拜司礼太监为师之类情节。这又是《定情人》乃由《意中人》改编的一个内证。

晏殊【浣溪沙】邮票

然而，尽管此剧也曾为人所关注，却终因结构之疏漏、情节稍松散，很少为后世伶人所搬演，也未见为曲谱所收录。

《眉山秀》也分上、下卷，凡二十八齣，上、下卷各十四齣。叙宋时四川眉山苏洵（字明允，号老泉），生子苏轼（字子瞻)、苏辙(字子由),均卓荦有才,人称“小苏”、“大苏”。父子皆宦游京师。女苏美(字小妹),也锦心绣口,才学满腹,而待字闺中。文士黄庭坚与苏氏为通家,在老泉前极力称道秦观(字少游)才情,有代牵红线之意。宰相王安石(字介甫),有子王雱,也颇具才情,由老泉口中得知,其女才华出众,欲代子求婚,故将儿子文稿交与老泉。苏轼奉父之命,分别将王雱、秦观文稿,交小妹批阅。小妹对两人之文才,皆予以肯定,但对秦观之才学更为称道,批道:“今日聪明秀才,他年风流学士。可惜二苏同时,不然横行一世。”(第三齣)苏轼知婚事有望,与黄庭坚同见秦观,告知此意。不料,秦观闻知苏轼曾戏谑其妹:“莲步未移香阁内,额头先到画堂前”、“几番拭脸深难到,留却汪汪两道泉”(第三齣),知其必额高眼凹,相貌丑陋,必面见方允。恰小妹去大相国寺烧香,秦观乃趁机扮作道士,近前攀话,并巧出对语,以试其才。小妹对答如流,令秦观折服。秦观进士及第,高中探花,宴罢琼林,即入赘苏府。不料,新婚之夜,新郎却被拒于洞房之外。小妹自出题目,三试新郎,并令婢女朝华及仆妇监考,一应闲人均当回避。若考试不中,则罚在外厢读书三月。秦观自恃高才绝学,不以为意,前两关皆过。至第三关,小妹吟出上联“闭门推出窗前月”,观苦思不可得,苏轼见状,以石投水,使其豁然开朗,对出“投石冲开水底天”(第六齣)以为下联,得入洞房,饮合欢酒。

“苏小妹三难新郎”剪纸

才女文娟,字湘云,沦落风尘,却性喜文墨,慕秦少游之才,

希图一见，苦无机缘。王安石推行新法，手段强硬。富弼、韩琦因对新法不满，被朝廷贬出京师，并不许朝中官员前往送行。节届重阳，苏老泉出游郊外，得知此事，赶去相送，并写《辨奸论》指斥王安石专权。恰见王安石经过此处，遂跑去与之理论。未久，朝廷降旨，将苏老泉斥逐归家。苏轼担心父母安危，要亲送至瞿塘峡始回。王安石得知，要苏轼取出峡水一坛以供烹茶用。小妹才名日著，太后降诏，令她作赋以纪祥瑞，并赠以葡萄锦等物。奉旨前来之宫监与秦观刚对弈一局，小妹才思敏捷，赋已写就。恰于此时，文娟寄一词至，欲订终身之约。秦观令小妹代答一首以致意，小妹赋【踏莎行】“雾失楼台”相寄。

长沙城中帮闲柳思春，吃喝嫖赌，样样俱全，游手好闲，还假装斯文，终日游走于花街柳巷。闻知文娟对秦观倾慕已久，便请一字不识之暴发户包仰崇冒充秦观，临时背诵少游之诗一、二首，权作骗吃骗喝的本钱。文娟误以为真，遂设宴款待。不料，谈吐举止间露出马脚。包妻甚妒，闻知丈夫吃花酒，打上门来，包、柳诸人匆即逃散。

此时，秦观因反对新法，被贬郴州酒税监，与小妹话别，匆即离京。路经长沙，得与文娟畅叙、欢会，盘桓未久，即赴任去。苏轼出任杭州知府，与佛印禅师过往谈禅，泛舟湖上，饮酒作歌，有歌姬琴操、月素追随。未几，又因触忤权相王安石，被贬为黄州团练，先后居定惠院、临皋亭。黄庭坚奉使前来，遂同游赤壁，尽享山水之乐。苏小妹自丈夫去后，挂念不已，乃女扮男装，千里跋涉，前往郴州。王雱状元及第，官授翰林，好不荣耀。他以威权自恃，遂召参政吕惠卿计议，欲在文字上做文章，倾陷苏轼等人。此时，安上门监郑侠不顾权臣阻挠，击登闻鼓，上疏弹劾吕惠卿，并将手绘《流民图》上呈朝廷。朝廷遂废新法。

文娟时常往尼庵观空阁与慈月闲话，苏小妹自称秦少游，与化妆成书僮苏福的婢女朝华来此，和她不期而遇。文娟真假难辨，遂道及前时少游相访并赠以诗之事。小妹诈称前者为假，并当场赋诗，被誉为绝唱。众人闻知秦观来此，来渡船旁求诗文题跋者接踵而至，小妹一一应允，顷刻写就。文娟偕慈月前来，欲订婚盟，小妹借故推托，乘船而去。

王安石罢相后，被安置江宁，王雱则暴病身亡。安石寄寓驿馆，见馆中题壁诗斥责己身，又得知被人称“拗相公”，好不气恼。恰参政吕惠卿奉命巡视江南，也路经此地，前来投宿。王安石令家人江居唤来一见，对方却反面无情，拒不相见。前则奴颜婢膝，后则冷面相对，一“恭”一“倨”，判若两人，令安石感慨顿生。次早，便骑骡冲雪而去。途中，又惧人追打，只得东躲西藏。

苏小妹刚到郴州，太后又传懿旨，着其星夜入京，纂修《女史》。夫妻再度分离。苏轼也奉诏入京，升任端明殿学士，并赐御宴款待。回府后，佛印趁苏轼入睡之机，以色相点化，使之跳出繁华场，潜心悟道。秦观入京，来观空阁接文娟，文娟惧怕受骗，又以真为假，拒不上船，直至真小妹假少游写信前来迎接，始随同入京。后来，苏小妹道破个中原委，文娟始明白事情之真相，举家团圆。

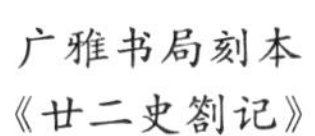
广雅书局刻本《廿二史劄记》

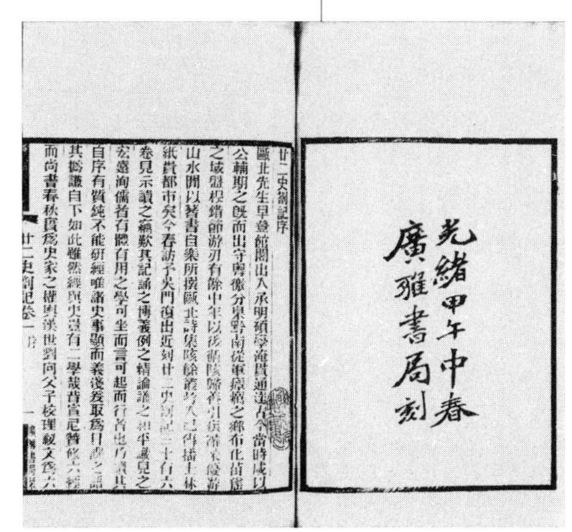
光緒甲午中春
廣雅書局刻

本剧主要依据晚明冯梦龙通俗小说而改编。如秦观与苏小妹情事，是由冯梦龙《醒世恒言》卷十一《苏小妹三难新郎》改编而成。其中，老泉赋《绣球花》诗未成而以事外出，小妹续成之；王安石夸赞儿子高才，老泉不留神说出女儿文才超群之事，安石有意联姻；苏轼与小妹兄妹间各逞诗才，写诗互嘲；小妹在东岳庙与化装成道人的秦观相遇，对对子以见其才思敏捷；三出难题，以考新郎之才学等，皆出自该小说。而与王安石相关之情节，有的采自本篇，如苏老泉作《辨奸论》以讥刺安石；安石见大、小苏连登科第，有意修好，请老泉过府饮酒等。但王安石被贬出京，赴金陵途中受种种折辱之事，则见于冯梦龙《警世通言》卷四《拗相公饮恨半山堂》。而该小说又是由宋人话本《拗相公》(见《京本通俗小说》)而改编。

当然，本剧在对王安石变法的评价上，显然是继承了小说中的一些观点，对变法所存在的问题肆意扩大，对王安石其人的评价也欠公允。王安石推行新法，是针对当时国家财政紧缩，而朝臣却袭故守常、不思进取而发的。那时，宋神宗欲有所作为，拟举兵收取燕、云等失地，振兴大宋基业。但是，用兵必须有财力支撑，于是青苗之法行。聚财需要用人，这给幸进之徒开了方便之门。其实，王安石为官清廉，推行新法也不是为一己之利。况且，青苗之法，是始自陕西转运使李参。当时，李参考虑到戍守将士众多，而吃食不足，令百姓自己预测所生产粮食有多少盈余，先贷以钱，待庄稼收成后再交官。这就是所谓“青苗钱”。结果，试行一年后，国库有了余粮。王安石借鉴了这一经验，在出任鄞县地方官时，推行此法，受到百姓欢迎，故为相后，又在全国推广。不料，在推行中出现了问题。“干进者以多借为能，而不顾民之愿否，不肖者又藉以行其头回箕敛之术，所以民但受其害而不见其利”(清·赵翼《廿二史札记》卷二六《青苗钱不始于王安石》)。“箕敛”，意谓苛敛民财。《史记·张耳陈余列传》谓：“外内骚动，百姓罢敝，头会箕敛，以供军费。”《集解》引《汉书音义》解释说：“家家人头数出谷，以箕敛之。”“箕”，即簸箕，一种扬米去糠用柳枝(或竹条)编成的器具。敛，是聚敛。因按人征收，百姓才产生怨言的。所以，清代史学家赵翼称：“古来未尝无良法，一经不肖官吏，辄百弊丛生，所谓有治人无治法也”(清·赵翼《廿二史札记》卷二六《青苗钱不始于王安石》)，“人皆咎安石为祸首”(清·赵翼《廿二史札记》卷二六《王安石之得君》)，实欠公允。而作为戏曲家的李玉，受其知识视野的限制，当然看不到这一点，也只能良莠不辨、人云亦云了。

第二十六齣《点悟》中所演五戒、红莲事，乃出自于冯梦龙《古今小说》卷三〇《明悟禅师赶五戒》。秦观与青楼女文娼事，见南宋洪迈《夷坚志补》卷二《义倡传》。书中记载说：长沙有一娼女，善于唱歌，更喜秦少游词，每得一篇，即手抄口诵不停。后来，少游因政治斗争被贬出京，道经长沙，寻访可与交谈者，有人举此娼往见。秦观起初没有放在心上，待到相见，见该女子容貌秀美，不可多得。说话间，见案头有《秦学士词》，知为已作，大喜，因问道：“秦学士是谁呀？你怎么得到他那么多作品?”此女不知来者即秦观，俱道爱慕之意，并演唱平素所习秦学士词。当少游道明身份时，此女喜出望外，大为惊讶，张筵款待，歌秦词以侑觞。当晚，与秦观欢会。自少游离去，女闭门谢客，拒不与他人来往。秦观死于藤，该女闻之大恸，前往奔丧，遇灵柩于途中，绕棺三周，痛哭身亡。原故事中此女无姓名，剧作取名为文娟。

第十九齣《设计》所叙监安上门者郑侠，绘《流民图》以设法上呈之事，也有所本。据《宋史 · 郑侠传》载，神宗熙宁六年七月至次年三月，久不落雨，麦苗焦枯，五种不生，群情惧死，人无生意。“东北流民，每风沙霾曀，扶携塞道，羸瘠愁苦，身无完衣，并城民买麻粈麦麸合米为糜，或茹木实草根，至身被锁械而负瓦揭木，卖以偿官，累累不绝”。郑侠目睹此惨状，即绘流亡图设法上呈，恳求朝廷开仓赈贫，革除弊政。据说，宋神宗反复观此图，数次长吁短叹，袖图入后宫，夜不能眠。可见，剧作称郑侠“鼎镬严刑不惧”、“拼死上疏”，是有史实依据的。

秦少游与苏小妹联姻事，则出自小说家杜撰。如同徐州有苏小妹坟、故黄河上显红岛为小妹抗洪殉身处皆系民间传闻一样，不可深信。据文献记载，苏轼有三个妹妹，一嫁柳子玉、一嫁程之才，皆早亡。另一位很可能夭折更早，未提及其婚配之事。对此，前人多有辨析，此不赘述。该剧目经改编后，也经常上演。京剧有《三难新郎》（又名《苏小妹》）。川剧、滇剧、秦腔、湘剧、评剧等，都有此剧名。或标曰《苏小妹》，或题名为《三难新郎》。

（五）轶闻传说剧

李玉的轶闻传说剧，主要有《一捧雪》、《太平钱》、《五高风》等几种。这类剧作，与历史故事剧有所不同。历史故事剧，一般来说，大都本之于史实，有的是就正史有关传记等文献创作而成，如《连城璧》之类；有的是史有其人，故事大多出自虚构，但部分内容有史实之依据，如《麒麟阁》、《风云会》等。而轶闻传说剧，则是根据民间传闻

或带有一定神话色彩的传说故事创作而成的戏剧作品，与历史故事剧相比较，虚构成分当然更多。哪怕是剧中人物历史上曾有，但故事却是纯粹属于那种“得之于行路，传之于众口”（唐·刘知几《史通·采撰》）之类传闻。下面，就各剧之内容略述如下：

《一捧雪》是李玉著名的戏曲作品，流传较广的《一笠庵四种曲》，置于卷首者即为该剧。另外，《一捧雪》还有单独的旧钞本传世。钱谦益写于清顺治甲午（十一年，1654）《〈眉山秀〉题词》一文中，已提及《占花魁》、《一捧雪》以及《眉山秀》，知上述之剧作，当创作于明、清之交，或顺治初叶。本剧分上、下卷，上卷除类似于“副末开场”的“谈概”外，有十五齣；下卷也为十五齣，凡三十齣。

剧叙钱塘莫怀古，字无怀，官至冏卿（即太仆寺卿，在明代则掌管牧政），家中富有，喜收藏文物、字画。妻符氏，子莫昊。一家数口居乡度日。朝中权贵严嵩之子世蕃（号东楼），屡次来书相邀，怀古遂生起复之意。一日漫步街头，苏州裱褙匠汤勤（号北溪）避寒风于檐下，瑟瑟发抖。怀古知其寄居破庙，心生怜悯之意。恰赴京前有许多字画需要装裱，便将汤勤收留家中。将启程，家中设宴为怀古饯行。席间，他一时高兴，令人将家中祖传价值连城之至宝盘龙和玉杯取出，以招待众人。此杯传自秦世，色白如雪，故名“一捧雪”。众人见杯，皆啧啧称奇。席间，塾师方毅庵见汤勤“言词谄谀，行藏奸诡”，嘱怀古多加提防，怀古口中应诺，却不以为然。

未几，怀古收拾行囊，带上侍姬雪艳、家人莫诚及汤裱褙等入京。将至京师，与出京赴蓟州总戎任所的戚继光（字元敬）相遇，互道寒温。入京后，严世蕃设宴为怀古

接风洗尘，并带他赏鉴其各楼所收藏商周彝鼎、唐宋书画等珍贵文物，并叙及匠人稀少、古书画未及装裱之事。莫怀古以汤勤荐，世蕃大喜。席间，令家优演《中山狼》一剧以侑觞，并出银三百两为汤勤购买房屋，安排住所。汤勤感激涕零，便趁严世蕃观赏因失军机而论斩之总兵戴纶所行贿的宝物汉玉杯之时，将怀古匿宝不献、家藏“一捧雪”之事和盘托出，并自告奋勇，前往索取。

既是九世相传之珍宝，莫怀古自然不忍拱手送人，然又畏世蕃权势，只得令莫诚持重金请玉工仿造“一捧雪”而呈上。严、汤均不辨真伪，大为高兴。怀古也因献宝而官升太常寺正卿。汤勤因善于周旋，又助世蕃敛财，得任左军都督府经历一职。他来莫府告知，怀古留以酒饭，视汤勤为心腹，不料醉后竟吐真言，将以假代真、以赝品替换真玉杯之事说出。汤勤一旦归来，当即密报。严世蕃大怒，遂采用汤勤之计，以拜访为名，多带兵丁，径奔莫府，把住前后门，直入内室，抬出箱笼，逐一搜查。幸好莫诚探知此事，预先将宝物藏起，才暂时免却祸患。

莫怀古知严世蕃阴险奸诈，未搜得宝物，决不会干休，为防其加害，连夜逃出京师，直奔蓟州，欲投靠戚继光。严世蕃以盗窃国家宝物、擅离职守之罪名上奏，欲将怀古置于死地。夜色微茫，莫怀古等人逃跑途中，为世蕃所派追兵擒获，押至戚继光军营。戚以计支开追兵，又示意怀古不必说话，将其羁押。仆人莫诚见状，计无所出，愿代主死。戚继光则令怀古骑快马往潮河川魏参将处栖身，雪艳则寄顿蓟州。所差官兵提首级来京，严世蕃嫌脏，不愿验看，而汤勤却执意查验，指认假冒。严世蕃一旦明白就里，恼羞成怒，发誓要斩草除根，并声称连戚继光也捉拿来京。

戚继光率兵征剿来犯之鞑虏，大获全胜，刚回帅府，便被京师所派锦衣卫武官，以徇私放纵、欺诳朝廷之罪名锁拿，连同雪艳一同押回。锦衣卫都指挥陆炳奉旨审理此案，明知冤枉，但因圣命难违，仍计无所出。庭审间隙，证人汤勤慕雪艳姿色，近前示意，若愿意嫁给自己，便认假作真，愿出面证实此乃莫怀古首级。雪艳佯允，汤勤于再审时果当堂作证，使此案又生波澜。戚继光官复原职，雪艳被当街官卖，汤勤代其纳了身价，当晚迎娶入门。不料，其悍妻花氏闻知，大闹花堂，痛骂汤勤，赶走众人，使婚事无望。稍后，汤勤又生一计，避开花氏耳目，径往雪艳住所成亲。雪艳将其赚入洞房，支开众人，面责其忘恩负义种种情状，然后抽利刃将其杀死，旋即自刎身亡。戚继光叹其贞烈，代为收尸，葬于西山，并亲往祭奠。

时隔不久，严世蕃又差校尉赶往钱塘，缉拿莫氏母子。塾师方毅庵在官衙探知此事，与莫夫人计议，令莫昊随己潜回江右老家，隐姓埋名，进取功名，以图报仇。他又恐官府追查莫昊下落，便用书僮文鹿假扮。结果，莫氏一家三口被流徙开平卫安置，万里程途，苦不堪言。莫昊更名方昊，随师还乡。师赴京赶考，得选福建海城县学教授，归即告知其父及雪艳遇害情状，并误以为戚继光不念旧情，落井下石。昊闻知此事，恨恨不平。此时，莫怀古则化名归复，在潮河川魏参将麾下作幕僚，终日忧心忡忡，为报仇无日而叹慨，度日如年。一日，汤勤之随从见主人已死，便盗取金钱，欲贩卖人参，也来至潮河川。莫怀古从他口中得知雪艳死讯，甚是悲痛。

方昊赴京应试，进士及第，拜座师、房师之后，同年詹趋时又邀其拜阁老严嵩，方昊一口回绝。并于次日上朝时，当庭弹劾严嵩，历数其种种罪状，并代父鸣冤。不料，朝廷竟准其奏，将恶贯满盈的严嵩羁押，严世蕃充军，并抄没其家产，莫氏一家均得以赦免。方昊以抗疏直言，被授予御史之职。

莫夫人流徙开平卫，而并不知莫诚替死之事，正准备还乡，偶去郊外砍柴，发现丈夫之墓，便前往焚烧纸钱，哭诉苦况。此时，莫怀古也遇赦出关，路经此孤坟，与妻相遇。妻误以为鬼，惊恐异常，待怀古讲明原委，始转悲为喜，失声痛哭。戚继光闻知莫家蒙冤得白，正欲派人前往接回，恰怀古夫妇抵门，惊喜万分。方昊奉朝廷之命，携尚方宝剑巡视九边，惩治骄兵悍将，剔除积弊。戚继光将其迎入总兵府中，席间，用"一捧雪"杯劝酒。方昊见杯大怒，误以为戚害其父，拔剑相向，直至父母来至厅前，始消除疑虑，向恩人道歉。严世蕃被斩首，传示九边。戚继光将"一捧雪"送归原主，后堂饮酒欢庆，其乐融融。

此剧所叙之事，看起来无所依据，其实不然。它与晚明的一段轶事有关。据明沈德符《万历野获编》补遗卷二"内阁·伪画致祸"记载，严嵩权力极盛时，因家中所藏珍宝之多难以计数，便涉足书画、古董收藏诸雅事。当时，其亲信鄢懋卿总理盐政，出使江、淮，赵文华督兵使吴、越，各秉承严氏意旨，搜刮古玩字画不遗余力。当时，传说宋人张择端所绘《清明上河图》流落故相王鏊后人处。王氏家财巨万，难以用钱打动，便委托苏州人名汤臣者前往，设法谋得。汤臣以擅长装裱驰名于时，为严氏门客，也与娄江王忬(字民应，号思质)相往来，因劝说王忬购买此珍品。王忬当时任蓟辽总督，正镇守蓟门，不能擅离职守，就令汤臣以合适的价钱买下，然未能如愿，便请苏州人黄彪模仿真本以进呈。黄彪也算是作画高手，所临摹竟能乱真。严氏得此名画，视为珍宝，作为诸收藏名品的压卷之作。每当设宴招待贵客，必取出欣赏。有妒忌王忬者了解到此事，径称此为赝品。严世蕃目不识珍，以假当真，故又羞又怒，恨王忬有意欺骗。祸因此而起。还有人说是汤某怨恨王世贞兄弟，而有意暴露此事。看来，王氏与严嵩、严世蕃父子似有着很深的恩怨情仇。

同书“内阁·严相处王弇州”又载，王世贞（字元美，号弇州）担任部里的一般官吏时，与严嵩父子关系较好，时相过从，主要是因为其父王忬时任蓟辽总督，担心遭到严世蕃的妒忌，故不得不着意周旋。其实，王世贞很看不起严世蕃，每当与他一起饮酒，经常对其肆意取笑、戏侮，使之不能忍受。恰巧世贞弟世懋（字敬美）登进士第，严嵩妒性暗发，将诸孙叫到跟前严厉训斥，责其不成大器，难当大任，这更引起严世蕃对王世贞兄弟的不满与怨恨。他多次在父亲面前说王世贞的坏话。所以，严嵩在官吏升擢上故意贬抑之，幸而副相徐阶一力周旋，始得免。职方郎中唐顺之奉命出行，核查蓟镇在籍兵员情况，结果发现，上报文书中称有兵员九万多，实则五万七千，又皆老弱之辈。于是上奏，忬被降二级。嘉靖三十八年（1559），把都儿、辛爱数部来犯，声东击西，王忬误判军情，引兵而东，敌人乘间而入，渡滦河而西，劫掠遵化、迁安、蓟州、玉田等地，直接威胁到京师安全。王忬遭到严厉斥责，被停发俸禄，军前效命。严嵩趁机进谗言，结果，忬论斩。次年冬，竟死西市。

据《明史》卷二八七《王世贞传》记载，王忬滦河失事，

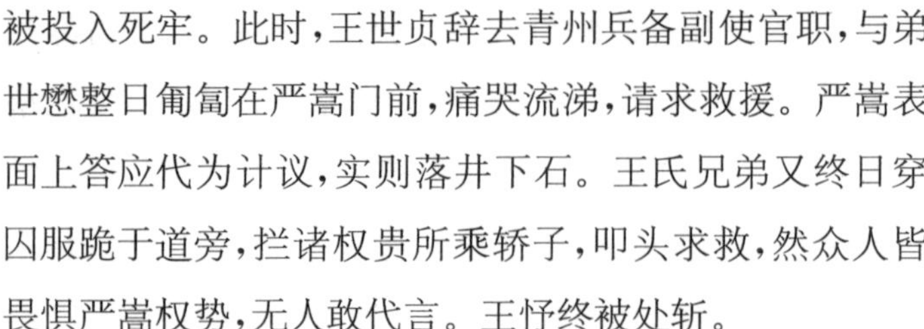

被投入死牢。此时，王世贞辞去青州兵备副使官职，与弟世懋整日匍匐在严嵩门前，痛哭流涕，请求救援。严嵩表面上答应代为计议，实则落井下石。王氏兄弟又终日穿囚服跪于道旁，拦诸权贵所乘轿子，叩头求救，然众人皆畏惧严嵩权势，无人敢代言。王忬终被处斩。

《明史》卷二〇四《王忬传》则记载，王氏与严氏父子的结怨，一是因为王世贞因言语尖刻而失欢于严世蕃；二是由于严家门客时常以世贞家琐事引惹得严嵩父子怨恨；三是杨继盛因弹劾权奸严嵩等权贵，年方四十，即被处死，王世贞代其办理丧事，更遭到严氏父子的痛恨。这里所说的家中"琐事"，或即《万历野获编》所载令人临摹《清明上河图》之事。

如此看来，《一捧雪》所叙莫怀古事，实乃王世贞父子事。不过是将《清明上河图》隐去，以"一捧雪"替换之。戚继光出镇蓟州，是在隆庆初年。而且，是初任神机营副将，后任都督同知，专管蓟州、昌平、保定三镇军事训练，后任总兵。剧中所写，与史载不尽合。莫怀古之名，也出自作者杜撰，史无其人。清人汪师韩《谈书录》(清乾隆刻上湖遗集本)"一捧雪是清明上河图"条曰："《一捧雪》传奇所谓莫怀古者，隐名。若谓莫好古玩，好古如以手捧雪，不可久也，所指乃王忬事。"晚清文人梁章钜《浪迹续谈》卷六亦谓："所谓莫怀古，乃隐名。若谓莫好古玩，好古如以手捧雪，不可久也。"如此解释，此剧似寓劝诫之意，或也有一定道

梅兰芳、萧长华合演《一捧雪》

理。上述王世贞父子事，王褎《广汇》、孙之騄《二申野录》注、姚平仲《纲鉴挈要》等，均曾载及，但文字简略。

《一捧雪》问世后，著名戏曲折子戏选集《缀白裘》，收该剧《送杯》、《搜杯》、《刺汤》、《祭姬》、《换监》、《代戮》、《杯圆》、《边信》等齣。明末菰芦钓叟所编《新刻出像点板时尚昆腔杂曲醉怡情》第三册，收有本剧的第三、四、十九、二十、二十二、二十五、三十等齣。清内府钞本《皮黄曲本》、《绘图京调四集》、《京都三庆班京调十集》等，均收有同名剧作。且为京剧名伶小连生最擅长之剧目。名伶张三福、高庆奎、周信芳等，也以演该剧驰名于时。另外，徽、汉、晋、湘、滇、川诸剧以及上党梆子、秦腔等地方剧种，经改编后均演出此剧。后世京剧所演《莫成替主》（一名《搜杯代戮》、《蓟州城》）、《审头刺汤》、《雪艳娘》、《雪杯圆》（一名《柳林会》），弋腔的《祭姬》，同州梆子的《斩莫成》等，皆是由李玉《一捧雪》改编而来，徐州梆子有《严海斗》（又称《白玉杯》）一剧，其中也以玉杯为重要关目，疑是受《一捧雪》剧之影响。河南梆子也有同名剧作，足见影响之大。

“张果老倒骑毛驴”剪纸

《太平钱》是一部神话传说故事剧，现存刊本也分作上、下卷。上卷由第一齣“开场白”至第十五齣《归山》止；下卷由第十六齣《回首》至第二十七齣《约圆》收煞，凡二十七齣。

本剧的主干情节，采自冯梦龙《古今小说》卷三三《张古老种瓜娶文女》。小说所叙，乃南朝梁武帝之时故事。韦恕本为谏议大夫，因谏梁武帝奉持佛教，被贬为滋生驷马监做判院，所走失的乃“照殿玉狮子”白马，而非白驴。事情发生的地点，在真州六合县界，而非广陵。韦恕儿子名韦义方，因文武双全，随王僧辩北征，而非王忠嗣。韦义方回乡途中，渴甚求瓜，发现文女，以剑刺张老，剑断为两截。此情节未为剧作所取。张古老所居山乃道教胜地茅山，而非剧中所写王屋山。开生药铺者为申公，也非罗公远。二者情节略有不同。而冯梦龙小说，又是据唐李复言《续玄怪录》中“张老”一文而改编。韦固之事，则见于《续玄怪录》所收《定婚店》。

本剧大致据小说而敷衍，个别细节则有出入。如《定婚店》中的韦固，乃是孤儿，欲娶清河司马潘昉之女，未得。刺乳母所抱幼女者，乃韦固仆从。此类情节，剧作均作了不同程度改动。剧中所写，唐玄宗试张老法术事，乃是由隐于恒州中条山的张果事迹移植而来。张果事，见唐人小说《明皇杂录》。《宣室志》、《续神仙传》也曾载及。第二十七齣《约圆》所写，刘蟾自葫芦中跳出以戏金蟾之情节，又受到《神仙传》所载《壶公》故事的启发。至于第二十齣《赠诗》所叙“设宴绛云楼”，绛云楼，乃明末钱谦益宠姬柳如是之居所。明崇祯十四年(1641)六月，著名文士钱谦益与名妓柳如是成婚。未久，钱氏在所居半野堂后建楼五间，名之曰绛云楼，将柳氏比作神仙下凡，建楼以示纪念。本剧所写绛云楼，乃是韦固与美女慧娥仙界相会之处，是作者故取此名以唤起接受者的关注，还是有意向钱谦益示好，均在不可知之中，值得进一步探究。至于剧中第十七齣《渔樵》所称福建长溪县境内的王屋山，也是出自作者杜撰。长溪县，乃唐代设置，在福建霞浦县南三十里，距福州甚远。此地并无游仙湖。王屋山，在山西阳城县西南，南跨河南济源县，西跨垣曲县界，名为天下第一洞天。据说是轩辕访道之处。上有接天坛、黑龙洞、仙宫洞天、太乙池等胜景。此山并不在福建境内。道教中的东华帝君即东王公，为天界先天真圣。《神异经》称其居于东荒山中石室，而非王屋山。东华帝君与张果老事无涉。剧中说，张果老被封东华大帝，建宇王屋山巅，也是作者杜撰。剧中所写张果老倒骑白毛驴之事，时而见于古籍记载。《古今图书集成》“山川典”所引《平阳府志》就曾记载，张果老在中条山隐居，经常来往于太原、汾阳一带，所骑白驴，日行数万里。小说《四游记》中的《东游记》，记述张果老倒骑白驴之事。剧作将张果老之事附会于张古老，以突出其“奇”，是有意为之。本剧中的《缀帽》、《梦簿》、《刺孤》、《种瓜》、《窥妆》等齣，为后世曲谱所收录。

《五高风》是李玉的另一部剧作，计上卷十六齣，下卷十五齣，凡三十一齣。剧情大意是说，宋时，陕西延安人文洪，字建国，官拜都御史之职。夫人赵氏，贤淑齐家，生子文锦，年方二十，新中解元，尚未婚配。时，琼州海寇作乱，权臣尤权因得海寇所贿赂黄金、珠宝等物，遂纵敌归海，埋下后患。文洪目睹贤奸混淆，朝纲不振，上疏弹劾权奸尤权父子把持朝纲、弄权渔利，而遭奸臣忌恨，发生争执，遂当场痛击尤权，以致触怒朝廷，被推出午门斩首。幸礼部侍郎萧通上殿极谏，始将其救下，而革职归田。临行，萧通将弱女瑞英相托，附船回延安，以探望其外公、外婆。途中，文锦访知瑞英貌美，趁其下棋之时，弹《凤求凰》曲以致意，并吟诗以动其心。二人隔船目视，俱各有情。未久，海寇之乱又起，朝廷乃起用文洪，令其以原官督师，经略云贵、两广等处，即日启程。瑞英居于文家庄旧宅，去花园游赏，路经文锦书房，进内观赏其诗稿，赞不绝口，恰文锦由外归来，与瑞英相遇，当面求婚。瑞英应允，二人对天盟誓，永不分离。

尤权之子尤仁，官居司马，侦知瑞英貌美超群，遣人前往提亲。萧通初则应允，归而与女儿说知，始知晓瑞英自订终身之事，虽然十分气恼，但还是答应了女儿自许之婚事，并拒绝了尤家的求亲之举。尤仁见求亲不成，便蓄意谋害文洪，令时任潮州总兵的周敞伺机将文洪杀死。不料，周敞惧战，先降了海寇，文洪以丧师失地之罪被解京监押，全家抄斩。情势危急，管家王安之子王成，愿替主死，救下文锦。义士郑彪有万夫不当之勇，且智谋过人，闻知文夫人躲在文洪之妾张氏处，便暗中前往，将其救下，送往西岐山暂避，并火烧张氏庄院以灭其迹。瑞英闻知公公即将被处斩，亲带纸钱等物，去法场哭祭。郑彪又舍死忘生，挥刀驰入法场，将文洪救出，并将王成替死之事相告。不料，二人寄宿旅店时，又遭追杀官兵暗算，文洪被逮，郑彪趁机脱逃。瑞英法场哭祭之事，为父所知，遭到严斥，愤而自缢。

尤仁见婚事无望，又迁怒于萧通，令郑彪胞弟郑豹去官府出首，称劫法场系萧通指使，萧通也被问成死罪。此案由开封府尹包拯、大理寺正卿司马光、兵部尚书尤仁三法司共同审理。郑豹经不起拷问，几乎吐露实情。尤仁建议择日再审，将郑豹暂时羁押，暗中却唤来狱中看管犯人的禁子，以千两纹银相送，令其杀豹以灭口，生怕攀扯出自身。

王安、文锦逃亡途中，与押解文洪的囚车相遇，文锦与父相认，又为官兵捉拿。王安逃脱追杀，径奔开封府告状。包公问知案情，细细查访，又受神灵暗示，夜往尤府门首，捉得琼州报子，尽知周敞为尤仁指使而里通外寇、坑陷文洪等种种丑事。包拯复审此案，令周敞当堂出示尤仁密信。尤权畏罪自缢，尤仁只得服罪。此时，朝廷降旨，文洪仍官广东经略，萧通官复原职，包拯升任龙图阁大学士，文锦也得授中书之职。尤仁、周敞俱被处死。文锦感念瑞英之深情，亲往萧府瑞英灵前哭奠，瑞英竟死而复生，二人遂成就花烛。

此剧虽也叙及包公断案事，但明代所刊《包龙图判百家公案》(又名《包公传》)以及清代所刊《龙图公案》(又称《包龙图神断公案》)，均未载有与本剧相关之事。而包拯借助阴司之力而断案事，却每见于《包公传》故事的表述。本剧第十九龁，叙萧瑞英闻知文洪蒙冤被绑缚法场，即将处斩，遂偕婢女前往，焚烧纸钱，生祭公公。此情节似受明传奇《卖水记》中《黄月英生祭彦贵》一龁戏的启发。不过，后者是闺秀往法场生祭即将被处决的未婚夫，前者为生祭公爹，但情节极为相似。《卖水记》一剧已佚，但佚曲尚保存于《八能奏锦》、《词林一枝》、《昆弋雅调》等曲选中。第四龁，文锦弹《凤求凰》曲向瑞英传示爱意之情节，显然又受了《西厢记》“琴心”一折戏的影响，不过是将故事发生地，由寺院的园中改为水路的船上。就连瑞英所吟“寄与吟诗者，应怜长叹声”(第四龁)，也是由《西厢记》中崔莺莺的“料得行吟者，应怜长叹人”化用而来。第七龁，叙萧瑞英去文锦书房，观赏其诗稿，恰为归来的文锦撞见。二人遂互通情款，当

邮票上的包拯
(京剧净角)

面订立婚盟。这一情节的结撰，当是受戏文《商辂三元记》一剧中“雪梅观画”的影响。该齣戏，戏曲折子戏选本《摘锦奇音》、《歌林拾翠》、《乐府玉树英》、《玉谷新簧》、《时调青昆》等，均曾收录，在当时歌场演出甚盛，故为李玉信手拈来，采入剧中。至于死而复生得为婚配事，则每见于六朝小说或后世戏曲，不足为奇。

在人物安排上，作者也有任意牵合之嫌。如作品第二齣，文洪登场，既称“与包拯同僚”、“又与京、攸蔡氏逢”。包拯出生于宋真宗咸平二年(999)，而蔡京则出生于宋仁宗庆历七年(1047)，年长蔡京近五十岁。至于蔡京之子蔡攸，则年龄更小。包拯病逝于宋仁宗嘉祐七年(1062)，时蔡京不过十五六岁。哲宗绍圣(1094—1097)初年，蔡京始代理户部尚书，“识者有以见其奸”(《宋史·蔡京传》)。文洪若真的先后与包、蔡在朝中共事，此时，年龄当在八十岁上下，又岂能领兵征战？当然，这是戏剧家所言，在史事追述上允许有虚构以及错乱年代之表述，不必过于计较。又如第四齣，叙文洪被革职归里，本处巡抚范正，因是其门生，特来叩见。巡抚一职，乃是明、清之时的官职，品级略次于总督，但也是权高势重的封疆大吏，宋代却无此官职。如此之类，阅读时均应加以注意。

三、 李玉剧作的思想倾向

李玉生活在明、清之交的政治局势动荡时代，晚明社会的政治腐败、风俗人情的急骤变化、江山易帜的血雨腥风、累遭创痕的江南热土、不堪重压的现实人生，都在其心灵深处留下一道抹不去的阴影。就其自身遭际而论，又有过像一般读书人那样，在“四书五经”里频翻跟斗、力求博取一第的经历。在科举之途上，跌跌撞撞走过了数十个春秋，饱尝了奋力打拼的艰辛以及受挫之后的折辱与悲愤，也有着面对政治时局而无力回天的困惑与无奈，还有受晚明以来进步社会思潮所浸染，从而激发出的激动与亢奋。内在情感是十分复杂的，表现在具体的戏曲作品中，也凸显出独具风格的思想色彩。大致说来，主要体现在如下几个方面：

（一）市民斗争壮举的讴歌

李玉的剧作，第一次将市民斗争的浩大场面搬上戏曲舞台，在某种程度上表现出对下层百姓潜在力量的肯定与期待。

在以往的文学作品中，市井阶层是一个不太受关注的社会群体，往往指的是那些行商坐贾、市井百工或是茶坊酒店铺户、坊巷寻常之家。中晚明之后，随着集市贸易的大规模发展、商业流通渠道的日益扩大、手工业技术对都市生活的丰富与渗透、市民阶层队伍逐渐扩大，进而形成了不可忽视的一支力量，有着自己独具特色的道德追求与价值判断，并一定程度影响到社会舆论的导向和市井风气的引领，引起了不少文士的关注。冯梦龙的系列小说“三言”(《喻世明言》、《警世通言》、《醒世恒言》)、凌濛初的“二拍”(《初刻拍案惊奇》、《二刻拍案惊奇》)，就从不同角度反映了市民阶层家庭道德生活、婚姻价值追求以及对爱情真谛的理解等多方面的内容，但并未叙及如火如荼的市民斗争。

而李玉的剧作则不然，却以相当的篇幅描绘出市民阶层人物为反抗封建恶势力的重压或为主持公道、伸张正义而展开的惊心动魄的斗争。《万民安》一剧中的葛成，虽说是机户中的一个佣工于人的织布工匠，但敢于担当，慷慨仗义。当市井百姓遭受恶势力欺压时，他甘冒风险，不计私利，援之以手。当被救者感恩戴德，无以为报，赠以白银，或以妻、女相赠时，他一力拒绝，归其原主。在金钱与美女面前，心丝毫不为所动。然而，当税监指使恶棍欺压百姓时，他不顾个人安危，挺身而出，竭力抗争。正因为他有着仗义疏财、见义勇为、同情弱小、乐于助人的高尚品格，所以，在市井百姓中有着很高的威望和极强的号召力。在当时，“满城百姓，相约罢市，齐集玄妙观中，呼声震天”(《曲海总目提要》卷一六《万民安》)。恰在此时，以卖瓜为生的满腊梨遭到恶棍劫夺。葛成站在玄妙观前，蕉扇一挥，应者云集。他被推举为领头人之后，带领市民百姓，剥去税监爪牙徐成衣物，将其投入水中，又火烧参随黄建节办事机构，挥动铁拳将其打死，并投入火中。据说大火整整焚烧了三昼夜才熄灭，可谓大快人心。据康熙间所修《苏州织造局志》卷一二“杂记”所载，当时聚集了市井百姓二千余人。分

作六队，每队推一人前行，摇芭蕉扇为号，后面则执木棒相随，发誓为民除害。因此剧已佚，有否描写市民队列情景不得而知，但由众人冲出葑门、暴打恶棍、火烧衙署的表述来看，其场面是十分壮观的，足以令欺压他们的封建官吏、内监棍徒闻风丧胆。作者以热情的笔触，展示这一激动人心的画面，表现出对市井人物义举的深深赞许与由衷钦佩。

而《清忠谱》一剧，堪称《万民安》的姊妹篇。《万民安》中所描写的市民斗争，我们仅能借助《曲海总目提要》所述窥知一二，而《清忠谱》却流传至今，以较大篇幅，正面描写了市民斗争的情景。作品中的周顺昌，满怀忠义，凛然自处，拒受贿赂，一尘不染，且忧念国是，嫉恶如仇，“生平不肯附势趋炎”（第一折）。虽说为官十余载，但所居不过萧条茅屋，门清似水，囊空如洗，靠粗茶淡饭度日。其门生吴县陈知县来拜，顺昌也不过以薄酒、豆腐相待。陈知县见老师家贫，欲利用职权有意接济，顺昌以为官多年“何曾轻受人一钱”（第一折）严拒。陈奉上司之命，欲去迎接前来掌管苏州税务的李太监，顺昌当面斥责道：“我辈读孔圣之书，正宜绝此匪类，岂可纳交迎迓。”（第一折）他的严于律己、清廉为官的行为，是符合下层百姓的利益诉求的。

然而，就是这样一位忠耿正直、赤心报国的官吏，却受到权奸、阉宦的暗算，一次又一次地被摧残。穷凶极恶的大太监魏忠贤及其爪牙，把持朝政，卖官鬻爵，网罗党羽，颠倒黑白，倾陷善良，排斥异己，损公肥私，贪赃枉法，可谓“群小横行，正人短气”（第一折），使得国事日非，朝政衰颓。那些奉公守法的朝臣，因阉党的扭曲作直，往往以莫须有的罪名被投进囹圄，其子孙所遭受的灾难，甚至十倍于贪官污吏。奸佞“必欲一网忠良，尽诛善类”（第一折）。那些主张正义的官吏，结局都很悲惨，有贬谪边远者，有惨死狱中者，有刑杖下丧生者，也有于东、西市被斩首者。剧中所写都御史杨涟、左光斗身陷缧绁，万爆被廷杖而死，都无不说明了当时政治形势之险恶。

阉党为所欲为，朝廷却听之任之，为虎作伥。面对如此恶浊政治势力的高压，那些受害的忠直大臣，除拼却一死外，似别无他法。有的还以往昔贤圣尧舜比拟当时的昏庸君主，说什么“雷霆霜雪，无非天恩”，意思是说，无论是廷讯时的严刑拷打，还是皇帝对己身的褒扬抚慰，都是朝廷的恩德，倒是自己“徒作明时累臣”，“罪则归己”。（明・黄煜《碧血录》卷上《杨大洪先生狱中书》）或者吟诵诸如“为臣为子情何限，夜夜涛声泣伍胥”（明・黄煜《碧血录》卷上《魏廓园先生自谱》）之类的前人诗句聊以自慰。这种愚忠，真是迂得可怜，竟然到了黑白不辨的程度。

至于扶人间正气、除朝中凶顽，只能寄望于梦中。《清忠谱》第八折《忠梦》，就反映的这一现实。本龅戏，叙述周顺昌一心想除掉魏阉，然不能遂愿，却于梦中得以官复原职，设法面见君主，哭诉魏忠贤种种罪恶，竟得到皇帝的嘉许，并称要严惩魏阉。顺昌激动万分，连称乃“天下臣民之万幸”，正欲退下，恰与魏忠贤相遇，便以上朝之笏板作刀剑，上前追打。恰于此时，朝廷颁旨，将魏忠贤斩首。顺昌大呼：“好圣上，好圣上”，“杀得好！杀得好！快活，快活！”因大笑从椅子上跌下，原来是南柯一梦。作者意在借写梦以突出周顺昌除恶情切，但却从另一层面反映出书生面对凶顽肆虐的尴尬与无奈。陈知县作为周顺昌的第一门生，不仅无力搭救恩师，反而充当了魏阉的帮手。尽管出于不得已，但奔走于前来缉捕之官吏的鞍前马后倒是实情。众书生纷纷为周顺昌“尽抱公愤”，声称要“商量个善全之策”。（第十折）但是，这一“善全之策”，也不过是学中朋友共同签名的申辩书，上呈巡抚毛一鹭，求他出面保护。岂不知，“老毛是魏太监的干儿子，这番拿问也是他的线索，怎肯出疏保留”（第十折），当然愿望化为泡影，丝毫无济于事。

倒是“抱不平”的市井百姓，面对纷乱事实，头脑非常清醒。当有人提议央求官府时，颜佩韦立即反驳道：“求他什么！他若放了周乡宦罢了；若弗肯放，我们苏州人一窝蜂，待我们几个领了头，做出一件烈烈轰轰、惊天动地的事来。众兄弟不可缩头缩脑，大家并力同心便好。”（第十折）并豪迈地唱道：“义侠吴门遍九垓，千古应无赛。今日里公愤冲天难宁耐，怎容得片时捱！任官旗狼虎威风大，俺这里呼冤叫枉，喧天动地，管教您一霎扫尘霾。”（第十折《义愤》【北小桃红】）正因为市井百姓之壮举“轰轰烈烈，惊天动地”，所以才会使京师要员、地方大僚战战兢兢、心惊肉跳、坐卧不宁、仓皇失措。就连巡抚毛一鹭，也气急败坏，又惊又怕地喊道：“反了，反了！有这等事！皇上拿人，百姓抗拒，地方大变了，大变了！罢了，罢了！做官不成了！”（第十一折）然而，“民愤雷呼辕下，泪飞血洒尘沙”。百姓“塞巷填街，哀声震地”，疾声大呼，“就杀尽了满城百姓，再不放周乡宦去的”，甚至“情愿入京代死”。（第十一折）

毛一鹭面对人声鼎沸之民情，本想先抓一两个为首的，以儆效尤。府、县官坚称："哭声震地惨嗟呀"，"不敢施威喝打。倘一言激变难禁架，定弄出祸来天大"，"人儿拥纷如乱麻，就有几皂隶也难拿。"（第十一折）无奈，毛用缓兵之计，称先把搭救周顺昌的公呈递进，再作商量。颜佩韦等人一眼看穿其伎俩，说道："权璫势焰把人挝，到口便成肉鲊。"（第十一折）一旦身入虎口，再无生还之理。当周顺昌被诓进察院衙门，差官开读逮捕诏书时，众人发现上当，高声大叫，要"拼着性命，大家打进去"（第十一折）。京官以"一并解京去砍头"相威胁，众人手拍胸膛喊道：你假传圣旨吓唬人，我等好汉岂能饶你？当差官拔刀相向时，颜佩韦挺身上前，怒斥道："你这班狗头，这等放肆，都拿来砍！都拿来砍！。你这狗头，不知死活，可晓得苏州第一个好汉颜佩韦么？"（第十一折）继之而起的有杨念如、周文元、马杰、沈扬等人。京官挥刀欲砍，颜佩韦一声号令："众兄弟，大家动手！"当时，"整千整万人，一齐动手"（第十八折），蜂拥而上，将差官打得跌跌撞撞，爬进察院门内。众人紧追不舍，三次打进又打出，哪怕官吏躲进天花板内，也被拽出，百户方文臣被当场打死。百姓们目睹察院一片狼藉，由衷高兴，连声说："打得好！快活！这样不经打的，把尸骸抛在城脚下喂狗便了！"（第十一折）

《清忠谱》连环画

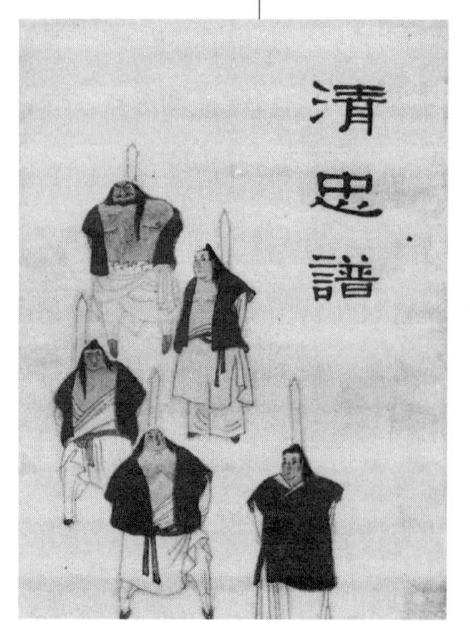

颜佩韦等五人为官府所杀，"乱纷纷万千人流涕道傍"（第十八折）。后魏忠贤势败，消息传至苏州，百姓无不为之欢欣鼓舞，相约奔向十里山塘。作品写道：

> 【香柳娘】(净、外、旦扮各色人奔上)列位阿,走阿!走阿!向山塘急奔,向山塘急奔!冲天公愤,今朝始泄心头闷。我们苏州百姓。只因魏太监这千刀万剐的要谋王夺位,害了许多忠臣,拽死了周吏部,又屈杀了颜佩韦、杨念如等五人。人人切齿,个个咬牙。如今新皇帝登基,杀了魏贼,籍没了家私,杀尽了干子、干孙,那毛一鹭、李实都要拿去砍了。我们急急到半塘去,折毁那逆贼的祠堂,大家出一口气。(净)出了阊门,已是钓桥了,我们再喊些人同去。(二杂同喊介)上塘、下塘、南濠、北濠众朋友,都到半塘折祠堂去!(内应介)来了!来了!(净众作一路奔喊介,丑、生、贴扮各色人又作一路奔唱上。合)急传呼万民、急传呼万民,千万共成群,折毁如虀粉!(净、丑作奔急撞跌,扭住相打、相骂介。外、旦劝介)我们西头一路奔来,要去折祠堂要紧,何苦斗这样闲气!(生、贴劝介)我们也为折祠堂而来,既是自家人,放手、放手,大家去干正经。(净、丑放手笑介)啐!说个明白,大家不打了。(净)众兄弟!我们如今有六七百人在这里了,快些上了渡生桥,一头奔、一头喊去便了。(丑)我们许多人在这里,就是杀阵也去得的了。(共奔介。合)似行兵摆阵、似行兵摆阵,好似天将天神,下临苏郡。(第二十二折《毁祠》)

苏州的老百姓个个怀着“冲天公愤”、满腔快意,肩扛锄头、扫帚等物,穿越三佛桥、长泾庙、长荡头、砖场上、庄基上、关上、阳山头等处,成千上万,浩浩荡荡,铁拳凝深仇,脚下起风云,高声呐喊,打入山塘。那场面、那景象,

俨然是出征的雄武之师；那举止、那气派，活脱是迎敌的战斗英雄。他们找来绳索，攀住魏忠贤祠堂的牌坊，并编就骂魏阉的曲子，紧扯绳索，边唱新编曲子边打号子。作品又写道：

【前腔】（合）恨忠贤贼臣、（打号介）牙牙许牙！恨忠贤贼臣！（打号介）逆谋忒狠，（打号介）把忠良假旨都杀尽。（打号介）遣凶徒捉人、遣凶徒捉人，（打号介）打断脊梁筋，五人大名震。（打号介）笑今朝命殒，笑今朝命殒，（打号介）杀尽儿孙，祠堂毁烬。（第二十二折《毁祠》）

牌坊轰然倒坍，化为废墟。他们情仍不甘，直至将魏阉雕像打得粉碎，并火烧其祠堂，才泄去压抑已久的心头之恨，快意而去。如此大规模地正面描写市民乃至乡民斗争的浩大场面，这在中国戏曲史上大概是绝无仅有的。尤其难能可贵的是，作者还在这些仗义疏财、见义勇为的市井百姓身上寄寓了希望，似乎看到了民族脊梁之所在。在形势危急、一发千钧之时，不少读书人只是呼天抢地、悲愤恸哭，或写篇无关痛痒的文字，乞求当道开恩，然都徒增恨恼，无济于事，倒是那些“不读诗书”、落拓粗豪的普通百姓，却能临难而奋不顾身，敢于担当，以“轰轰烈烈，惊天动地”之举，猛力地撞击了封建恶势力的围堵，维护了人间正义。他们是“守着孩提真性”（第十折）的真正的钢铁硬汉。

其实，李玉对市民阶层中潜在力量的充分估价，除了与他自身经历、生活环境有关外，还从历史教训中受到启迪。据相关史书记载,明神宗万历年间,朝廷时常派太监去各地开采矿石。若采矿不见效益,便逼勒民间纳银。正如大臣沈一贯在奏疏中所说,朝廷名义上派太监一员,而从者往往百人,负责各方面事务的又不下十人。这十人又各需百人分别谋事。如此算来,一人出动,牵涉人员竟达千人之多,再加上各自家庭人口,竟达万人之数。每年所花费银两高达四十余万。如果不敲诈百姓,竭泽而渔,钱又从何来?所以,各种名目的税收接踵而至,货物流通、舟车运输、商品寄存、门面店铺、米麦杂粮、鸡猪肉食、茶盐油布、耕牛驴骡等,均在纳税之列,百姓不堪重负,纷纷逃亡,或饥饿而死,十室九空,且不时激起民变。

明万历二十七年(1599)三月,临清百姓不堪税使马堂欺凌,愤而反抗,几乎将他打死。八月间,税监陈奉由武昌到达荆州,商民聚集数千人,向他投掷石头砖块,势不可挡,官府无可奈何。又至襄阳征收,同样遭到商人的坚决反对。万历二十八年(1600)春正月,武昌、汉阳百姓千余人,聚集于巡抚、察院门口,历数税监陈奉种种恶迹,抚、院不敢审理,百姓更加愤怒。陈奉经过承天(今湖北安陆)的金花滩,勒索黄金,并拷打妇女,致使远近百姓震怒。万历二十九(1601)三月,武昌民变,驱除税监陈奉。陈奉所派骑兵射死数名百姓,百姓捉住六名陈奉随从,投入江中。陈奉自焚官衙。六月,苏州民变,即《万民安》一剧所叙之事。万历三十年(1602)二月,饶州景德镇民变,乃内监潘相所逼。五月,太监刘成去苏、锡、常、镇征税,激起民变。同年,两淮激变,劫毁官府房舍、粮库。辽左生变,以致将税使碎尸抄家。万历三十四年(1606)云南税监杨荣恣行威福、滥杀无辜,激起众怒,被杀。终万历之世，此类民变之事屡屡发生，难怪人称，“矿使出，而天下苦更甚于兵；税使出，而天下苦更甚于矿”（清·谷应泰《明史纪事本末》卷六五《矿税之弊》）。

作为以“英雄”自许，时而为壮志难酬而“扣角狂歌，击壶长啸”（《一捧雪·谈概》）的文士李玉，对这类史实不可能充耳不闻，何况不少事件就曾经发生在苏、锡、常一带呢？这一切，对他内在心灵当然是一个很大触动。在活生生的历史教训中，他相信正义仍在民间。据说，同是苏州派作家的叶雉斐所作《琥珀匙》，原来有这样两句曲文：“庙堂中有衣冠禽兽，绿林中有救世菩提”（清·焦循《剧说》卷三引《茧瓮闲话》），并因此而下狱，几乎被害死。叶氏对时事作如此理解，正如同元代佚名杂剧《鲁智深喜赏黄花峪》中所写，书生刘庆甫妻子被“打死人不偿命”的花花太岁蔡疙瘩所抢，无人搭救，说道：“我别处告，近不得他，直往梁山上告宋江哥哥走一遭去。”（第一折）正因为官府失信于民，百姓才寄希望于民间力量。就此处所述而论，也正因为有见识的苏州派作家对封建统治者治理天下失去了信心，才将拯救世道的希望落在了民间豪杰身上。李玉将充满希冀的目光投向市井百姓，意图借他们之力扶正气、祛邪恶、泄公愤，就此而论，与叶雉斐的心理诉求当是相通的。

当然，他作为封建时代的一名文人，尽管对朝廷的昏庸腐败近乎绝望，但又不可能摆脱时代的局限。李玉赞成借助下层人们的力量铲除凶顽，然而，人们一旦将斗争的矛头指向摇摇欲坠的封建大厦时，他又表现得心绪慌乱，以致写出了《一品爵》、《两须眉》这类对农民起义肆意歪曲、诅咒的剧作。所以，从整体上看，李玉对封建统治是竭力维护的，所憎恶的不过是附在封建肌体上的种种毒瘤而已。尽管此类毒瘤若不从根部切除，根本无法治愈，但仍对这一千疮百孔、空有躯壳的庞然大物充满了留恋与期待，这是历史的悲剧。

（二）明清之际乱象的揭示

李玉的剧作，生动描绘出明清易代之际社会生活图景，表现出对百姓遭际的深切同情。

作者生活在明、清之交，对江山易帜之际清兵肆意劫掠给百姓所带来的灾难，自然有着痛切的感受。《万里圆》剧中的川籍逃兵，本来是随史可法镇守南京的。南京城被清兵攻破后，他慌忙逃走，因各处皆有兵戈骚扰、关津盘查，便绕道返乡，路经浙江、福建、广东、广西，转而出贵州，至云南，淹搁八年之久，仍未到家。一同回来的本来有十五人，因为“有溺死的，也有病死的，也有被老虎吃的，强盗杀的”（第十龄），结果，先后有十四人接连死去，仅剩他一人孤身返乡，可谓“八年跋涉受焦劳，真个是死里逃生万里遥”（第十龄），是何等可怜。他逃难途中，经过苏州，见清兵剿灭了活动于太湖的几支反清队伍后，还不解恨，又对城外百姓大肆杀掠。作品这样写道：

> （净）清朝官府只道城外百姓作反，发出兵马，不管好歹，烧杀砍杀，惨不可言！（外）是那带呢？
>
> 【江水儿】（净）堪叹金阊外，不分玉石淆。（外）如此说，阊门一带多不好了？（净唱）尽家资顷刻如风扫，好房廊烧得烟尘扰，满街衢杀得人如草。（外）住了！那上塘街相近下津桥一带，可曾动么？（净，

鼓)咳！说什么上塘、下塘，逢人就砍，遇房便烧。(唱)但听神号鬼哨。(喘。外)老人家，你莫非是传闻？(净)咳，那里什么传闻？我在苏州准准住了十天。(唱)吓！我是眼见睁睁，岂是虚言相告？

(外、老)阿呀，不好了！如此说，真的了！(第十龄)

剧作如此描写，并非无据。清顺治初，扬州一弹丸之地，被清兵屠杀十日。据有人统计，遇难者达八十多万人。被掠与投井、投河或自缢身死者，尚不在其内。靠近苏州的江阴一小县城，被连屠三日，城内外死者达十六七万。少女死者，井池皆满。如此之惨状，令人扼腕。本剧第十一龄，曾这样描写云南一带遭乱兵劫掠后的惨状："破邑空城，颓垣败壁，几百里绝少人烟；荒榛断莽，白骨黄骸，日中时常闻鬼哭"，"关津盘诘，面生人扭成奸细，杀了万万千千；兵马争持，不论男女，找首级献作功劳。"(第十一龄)正是当时残酷现实的写照。在长期的封建社会中，统治者为了称王称霸，攻城略地，肆意杀戮，带给百姓的是无际的苦难与凄切的记忆，这正应了元人张养浩散曲中的那段话，"伤心秦汉经行处，宫阙万间都做了土。兴，百姓苦；亡，百姓苦。"(【山坡羊】〈潼关怀古〉)

元曲特种邮票

《千忠戮》虽然写的是明代建文帝之事，但是剧中同样描写了燕王朱

棣恣意杀戮无辜的惨烈画面,"颈血溅干将,尸骸零落,暴露堪伤。又首级纷纷,驱驰枭示他方"、"凄凉,叹魂魄空飘天际,叹骸骨谁埋土壤"、"郊野血汤汤。好头颅如山车载奔忙"、"家抄命丧资倾荡,害妻孥徙他乡"(第十齣),如此浸满悲愤血泪的曲文,恰与《万里圆》所表述的内容互为映照,若演之于场上,很容易引发惊魂未定的江南人民的联想,激发起他们对封建统治者滥施淫威、草菅人命罪恶行径的强烈不满。所以,从一定意义上说,与其称此剧为追述建文逊国,反不如说是清兵屠戮江南惨景的映现。还有《千忠戮》第十齣《惨睹》中那支流传甚广的曲文:

【倾杯玉芙蓉】(生唱)收拾起大地山河一担装,(小生合唱)四大皆空相。历尽了渺渺程途,漠漠平林,垒垒高山,滚滚长江。……(唱)但见那寒云惨雾和愁织,受不尽苦雨凄风带怨长!……(生唱)雄城壮,看江山无恙,谁识我一瓢一笠到襄阳?

这里所抒发的,何止是一个失国帝王的哀叹,也吐露出身遭战乱而流离失所、四处漂泊的一般百姓的心声。难怪在相当长一段时间里,与洪昇《长生殿》"弹词"一齣戏中李龟年所唱【南吕·一枝花】"不堤防余年值乱离"一直产生着很大影响,以至于有"家家'收拾起',户户'不堤防'"之说。这是因为,它们对民族情感的唤起、爱国之情的激发,同样起到相当大的作用。

与百姓的流离失所、居无定处并时时遭受各种恶势力欺凌相对照的是,官吏的骄奢淫逸、寻欢作乐、逢迎拍马、荒怠国事。南明小王朝,仅剩东南半壁江山,统治者面对清兵压境，危机四伏，根本无视“臣民悲痛，士女哀号”，却甘当“处堂雀燕”，耽于宴乐，醉生梦死，歌舞升平。权臣马士英，仗恃立福王朱由崧登上皇帝宝座之功，为所欲为，所思所想，不过是“我独力推戴今上，定鼎南京。我就送他一个逍遥快活的皇帝，难道他不答谢我一个深根固蒂的阁老？我把朝政一手拿定，文武升迁，钱粮出入，尽归吾掌”(《万里圆》第四龅)，正所谓“皇上宴乐于宫帏，文武恬嬉于辇毂”(《万里圆》第三龅)。

忠耿正直的史可法，在国家危难之际，欲效仿唐代名将郭子仪，做一番收复失地、重造山河、振旅征讨、整顿社稷的轰轰烈烈的大事。就是这样一位心怀壮志的贤臣，却被排挤出朝，督师江、淮。尽管如此，他仍不计个人得失，忠于职守，且深知肩上担子的分量，唯恐防守不力，危及南明王朝之稳固，担心“万一戎马长驱，必蹈燕京之故辙；一旦顺流南下，定为泛海之孤踪”(《万里圆》第三龅)，像京都燕京那样毁于一旦。他曾数次上疏陈述防守大计，但由于权臣交相蒙蔽，不是扣住奏章不上报，就是仅批“知道”二字予以敷衍，甚至连军饷也扣住不发。军队没了军饷，自然军心不稳，时时处于分崩离析的险境。他无计可施，才赴京欲面见君王哭奏。不料，他与驻守滁、和的将军黄得功进京后，由于权臣的阻挠，并未得到皇帝的接见，仅派出一内侍前来敷衍，并声称钱粮搜刮已尽，无力支付军饷。他们当即反驳道：“优伶阉宦，

史可法纪念馆

日赏数千;峻宇雕墙,工费亿万。费尽了工程广,费尽了宴游荒。不思量荷旗枪、铁衣郎,受尽了饥寒况也;怎忍见精锐沟渠丧”(《万里圆》第四龄),当面指责弘光帝:“镇日里酣佳酿,镇日里拥宫嫱;忘却了丧家邦、辱前生,做个偏安想也;早难道恢复成虚帐?”(《万里圆》第四龄)结果,内侍不容其分说,以“军机紧急,速回本镇,不必面奏”(《万里圆》第四龄)寥寥数语将他们打发。二人又找首席大学士马士英理论,当面斥责他,“你把宸聪蒙蔽乱朝纲,撇下中兴不讲”,“晏安鸩毒贪游荡,怎能够振作起军威雄壮”,“只怕黄河北长驱奋扬,那里是沉铁锁截长江?”(《万里圆》第四龄)不料,马士英不仅听不进他们的意见,反而将责任完全推给二人,说道:军队防守事,历来归你们掌管,而且还手握重兵,这与我有何相干?还商量什么?粮饷事,由户部掌管,与我这个当宰相的说又有何用?何况目下真没有粮食。直至有人来报,荆襄总兵左良玉率兵沿江东下,“问罪朝中宰相”,清兵飞渡黄河,迫近长江,他才答应发放军饷。然危机一旦解除,想到的仍是及时行乐、赏鉴古董、观女戏散闷,“得高歌处且高歌”(《万里圆》第四龄),哪顾得死到临头?是如此的腐败透顶、昏聩不堪。

朝代交替,世乱年荒,翻云覆雨,官场混乱,种种乱象,剧中皆有描写。《万里圆》所叙,大姚知县黄向坚不愿仕新朝,赴省辞官,将官印交付四衙(即县中不入流小吏典史)掌管。代理者初当大任,击鼓升堂,却找不着鼓槌;要排衙,却仅剩皂隶一人。正如此人所说:“老爷要排衙,至少也得七八个皂隶一边;中间立着一个打鼓的,是这样洞、洞、洞,口里边呼么喝六,声张捉势,做身拉分;还要一个站在坛台上，有几个好身段在里头。那间止剩得我一个皂隶，故此排不来衙。”（第七齣）向吏役索要见面钱，吏役却称：“我每穷得饭多没得吃，那里来的见面钱？”（第七齣）这位代理县令，下车伊始，便立索贿之规矩，说：“准状子每张要二两，缴状子每张要四两；递和息，不论原被告，每人各要罚谷三十担。那个差牌、差签，多者十两，少者五两好起数，一百、二百，随事讲价；人命盗情，不在其内。”（第七齣）堂规既立，放牌告状，想借机敛财，结果却是，“如今那些百姓都已逃难去了，也没有人来告状，又没有人来完钱粮，止剩得一个空城在此”（第七齣）。又要攀诬大户以敛财，见难以施行，乃诉苦道：“我老爷今日署了印，少不得要孝顺上司，逢节要送节礼，逢生日要送寿礼；况兼河下仕客又多，要送程仪路费；我老爷又要干入廉、做考满，都要银子钱使用的。如不然，教我老爷那里来？”（第七齣）这里借用插科打诨的形式，形象地描绘出地方官吏颟顸无状、唯利是图的丑恶面目，官场之混乱可以想见。

《一品爵》也叙及地方官吏的“尅剥民财”、贿赂上司、“奴颜婢膝”、逢迎权贵之事，径称：“当朝多少文武大臣，俱已改心易志，苟禄归降”，虽衣冠楚楚，“却多卖国之流。”（第十九齣）还揭示出官逼民反这一现实，谓：“自古兵凶战危，连年皆因边将邀功，致启兵端，南北纷纷，尸横山积。以致上天震怒，故数年来禾稼不登，民食不足”，再加上官吏腐败贪污，“严征厚敛，人无生计，遂相聚为盗；武将无谋，追极为寇。”（第四齣）则直截道出了当时社会的积弊。生活年代稍后的孔尚任，创作有《桃花扇》一剧，欲“借场上歌舞，局外指点，知三百年之基业，隳于何人，败于何事，消于何年，歇于何地”(《桃花扇・小引》)，以形象的画面，总结明王朝败亡的原因。而李玉的此类剧作，在某种层面上来说，未尝不含有此意。

（三）英雄人格魅力的推重

英雄，一般是指识见、才干或作为都超出群伦之人。汉代班彪《王命论》曾写道：“举韩信于行阵，收陈平于亡命。英雄陈力，群策毕举，此高祖之大略，所以成帝业也。”(南朝梁・萧统《文选》卷五二)意思是说，起用韩信于行伍之中，收留陈平于流浪之际，使英雄皆有机会施展才能，且他们的意见都得到落实。这是汉高祖治理天下之大法，所以能成帝业。这大概是“英雄”一词的最早出处。“英”，本身就有杰出、优异之意。崇慕英雄，效法其所为，也是华夏民族优良历史传统的重要内容之一，是支撑人们志存高远、自强不息、意气风发、积极进取的重要精神力量。

在中华民族历史发展的长河中，任何时段，人们都有自己心目中的英雄。与太阳赛跑的夸父、衔木石以填沧海的精卫、治水的大禹、补天的女娲等等，无不是远古之时人们崇拜的偶像。即使上古圣王尧、舜，也被人们视为英雄。《荀子・正论》就曾说：“尧舜者，天下之英也。”李玉深受优秀传统文化的影响，自然对英雄十分崇拜，更推重此类杰出人物的人格魅力。

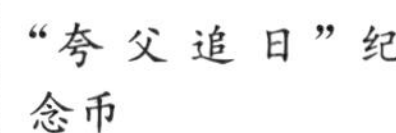

“夸父追日”纪念币

李玉剧作所描绘的，一类是从读书人中走出来的英雄。如《清忠谱》中的周顺昌，虽身处江湖之远，却时时忧念国家大事，面

对魏忠贤苦心经营的阉党恶势力网络的重压，按照常理，他当时正削籍乡居，身处京师政治斗争的漩涡之外，完全可以三缄其口，远身避祸，明哲保身，颓然家居，“闭门不管窗前月，一任梅花自主张”(《麒麟阁》第二本卷下第十四齣)，这倒是避开权阉锋芒、保全自身的万全之策。然而，强烈的政治责任感和社会担当意识，却激使他走上挺身而出、主动进击的反抗道路。周顺昌不满足于“一点孤忠，徒付数声长叹”(第一折)，要以实际行动，加入同气焰熏天的阉党斗争的行列。这与相关文献的记载是相吻合的。

据明人黄煜《碧血录》所收《人变述略》描述，周顺昌为人正直，遇事敢言。起初，阉党所编《天鉴》、《点将》等东林党人之类忠直之士的黑名单上，并无顺昌之名，周深以为耻，无所顾忌，屡次抨击宦官集团，遭到作为魏阉“二十孩儿”之一的巡抚毛一鹭的忌恨。《清忠谱》本之于史实而创作，叙魏大中为阉党陷害，遭革职查办，路经苏州，一般人都担心惹祸上身，避之而唯恐不及，而周顺昌却上船与对方促膝长谈，共斥阉党，并面订晚辈之婚盟。魏忠贤祠堂落成典礼，不少人“挨挨挤挤”，行叩拜大礼。他却怒发冲冠，历数魏阉种种罪恶，指雕像骂不绝口：

> 【滚绣球】恨奸邪，善类诛，逞凶徒，国祚摇。数不尽拜门墙一群狼豹。蓦忽地耸生祠虎阜东郊。那一个贡沉香塑着头，那一个献玉带束着腰，那一个进珍珠缨冠光耀，那一个奉金炉降速香烧。纷纷的输金馈饷晨昏纳，挤挤的稽首投诚早晚朝。总是儿曹。(第六折《骂像》)

被捕入狱后，遭严刑拷打，“胫骨几断，手指尽折”（第十五折）。他意志如钢，仍自豪地声称“完身几粉”，但“完心无碍”，“劲骨千磨不坏”。（第十五折）意思是说，身上虽皮开肉绽，无完好之处，但意志更为坚定，种种酷刑，其奈我何！眼见一个个忠臣义士被摧残至死，仍志不稍屈，手指魏忠贤大骂：“阉狗！你欺君虐民，残害忠良，我周顺昌食肉寝皮，难消积愤。”说话之间，踢翻两桌，举起枷锁，向阉党倪文焕、许显纯劈面打来，使对方无从招架，多处受伤。即使牙齿被敲断，仍骂不绝口。本来是魏忠贤等奸党审问周顺昌，结果，周却似乎变成了主审官，宣判着阉党的种种罪恶，变被动为主动，变受审为审问。他的冲天正气、凛然风骨，就是在这种角色转换中得到了充分的体现。古人所标举的“富贵不能淫，贫贱不能移，威武不能屈”（《孟子·滕文公下》）、“烈士不忘死，所死在忠贞”（唐·柳宗元《韦道安》，《河东先生集》卷四三）、“宁死而不辱”（元·吴澄，《题刘中丞事迹后》，《吴文正集》卷五五）、“粉骨碎身全不怕，要留清白在人间”（明·于谦《石灰吟》）之类道德追求，在这一人物身上表现得最为明显。

剧作家之所以用相当篇幅凸显周顺昌之风骨，自有其深意。晚明著名思想家黄宗羲，曾在《子刘子行状》中，这样描述当时读书人之情状，“大率习为软美之态，依阿之言，而以不分是非、不辨曲直为得计，不复知有忠义、名节之可贵。”他的老师刘宗周则说道：“世道之衰也，士大夫不知礼义为何物，往往知进而不知退。及其变也，或以退为进”，“举天下贸贸焉奔走于声利之场”，结果，造成“庙堂无真才，山林无姱节”。（《辞右通政疏》，《刘蕺山集》卷二“奏疏二”）到了这种地步，国家岂能不亡？所谓

"庙堂",意谓朝廷。"姱(kuà)节",即高尚的品行。可知,人们的尤其是官吏的道德修为,关系到世风的好坏、国运的盛衰。李玉塑造周顺昌这类英雄人物,有着很强的现实针对性。

另一类英雄人物,乃是行伍出身的杰士。如《牛头山》一剧中的岳飞,熟读兵书,义勇盖世,数破强敌,屡立战功,但因金兵南犯,两京失守,江山仅有半壁,百姓惨遭劫难。他身为东京留守,未免寝食难安,便上表朝廷,请求御驾亲征,收复中原。不料,皇帝听信奸臣谗言,以越职言事、讥议朝政的罪名,将他由镇守一方的高级将官,贬为河北招抚使张所麾下一名仅供传递号令的"旗牌"。在群情愤激、纷纷为之抱不平之际,他却以大局为重,考虑的是国家领土如何得以完整,老百姓何日能脱离苦海?当手下将士先后表示散伙回家之时,他劝慰大家"为国家休恋"(第二齣)家中妻、儿,应重振精神,秣马厉兵,扫荡来犯之敌。

在张所处,他听说金兀术率兵南下,攻陷扬州,奸臣黄潜善欲将新帝赵构送与金人作见面礼以图升赏,不禁怒火中烧、焦躁万分,便奉命率领十万人马前往,杀敌报国,以安社稷。赵构逃至湖、广边界,为金兀术追杀,情势十分危急,幸岳飞赶到,杀退金兵,并差大将牛皋护送赵构往牛头山暂避。儿子岳云,来军前听从调遣,然私自闯山,违反了军令。岳飞严于执法,不顾父子之情,喝令将他推出斩首,直至赵构出面讲情,才饶岳云一死。他因杀敌有功,新帝封其为领兵大元帅,并亲自登坛,挂印拜将。就职之时,岳飞当众表示,犯敌"杀戮我人民,侵吞我土地,神人共愤,天地不容"(第二十一齣),应并力齐心,舍生忘死，奋力杀敌，“长戈挽奋击天壤，鞭稍指直抵遐荒”，“扫尽妖氛，屠穷丑类”。(第二十一龄)继而，则调兵遣将，杀进敌营：

【梁州第七】杀得个遍沙场淋漓血绕，杀得个满营盘横乱尸抛。见多少精兵劲卒如风扫，冲一片征尘滚滚，杀气萧萧，天昏日惨，鬼哭神号。铁浮图浪卷烟飘，拐子马雾散冰消。只见那七重围乱撇弓刀，八阵图影没分毫，九里山一望迢遥。那边想是兀术中营也！中军勇骁，旗门深奥，俺只索长驱直入垓心捣，倾巢穴除虎豹。直待把兀术成擒绝獍鸮，方遂心苗。(第二十二龄)

战斗持续了三天三夜。岳飞作战之勇敢、谋略之独到，就连敌军主帅金兀术也佩服得五体投地，声称：“元帅，俺百万雄兵被你父子两个杀尽，你的英雄可也千古无双了。”(第二十二龄)苦苦向岳飞求饶。其壮举，的确使来犯之敌闻风丧胆，大宋军威大震。

本剧塑造了一位赤心报国的英雄人物，这也与作者所处的政治形势有关。明崇祯末年，旱涝交并，田地荒芜，百姓穷困，室若悬罄。而此时，强敌压境，朝中大臣无视法纪，地方小吏趁机敲诈民财，言官不敢发表意见，噤若寒蝉，武将骄横又畏敌如虎，战斗力极弱。所以，战事来临，则一味互相推诿，保全自身。一旦遇袭，或张皇出降，或闻风而逃。京师失陷，崇祯帝自缢煤山。南明弘光王朝立，然而任用官吏，如同儿戏，任无常职，人心不稳，极少有人为国家实心办事。将领无心作战，在金钱、利禄上却大动心思，以致互相争夺，内讧时起。刘泽清驻守淮安，却纵兵劫掠，无意训练。有人问：“敌人打来了怎么办？”他竟然回答：“我立福王为帝，这里供我休息。万一打起来，我就到江南选一好去处住下便是。”他喜欢吟几句诗，并当众炫耀，副总兵刘孔和看不下去，曾直言劝谏：“国家把淮东千里之地托付给你，没见你向北发一箭。即使诗写得好，又何益于国事？何况未必能写出好诗。”结果，刘泽清竟将他暗杀。（参看清・徐鼒《小腆纪年附考》卷八）后刘泽清、刘良佐皆降清。未久，刘良佐挟持福王朱由崧（即弘光帝）来南京面见清军，以图邀功领赏。而追记先代英烈功业，比照晚明史实，李玉对忠心报国的岳飞一再称颂，实在是有感而发。

三是磊落慷慨、敢作敢为、无所畏惧、粗豪勇猛的民间英雄。这类英雄，与上述两类相比，在潇洒自如、率性而为、任侠使气、无拘无束方面，更见其特色。如《清忠谱》中的颜佩韦，“生平任侠，意气粗豪”（第二折），路见不平，“槌胸裂眥”，为“淋漓血性”之男儿，眼中容不得半点尘埃。“不读诗书，自守着孩提真性；略知礼义，偏厌那学究斯文。路见不平，即便拔刀相助；片言不合，那肯佛眼相看。怪的是不孝不忠，不义之财毫不取；敬的是有仁有义，有些肝胆便投机”（第十折）。他向慕胆气超人的古代英豪专诸、要离，更钦佩岳飞、韩世忠之忠义，一日赶往李王庙书场听说书人讲《岳传》。故事中说，孙高本是招讨大元帅韩世忠麾下一名军卒，因违反军令，被韩责打并驱逐出营。不料，此人投靠奸臣童贯后，却官拜总兵，领十万

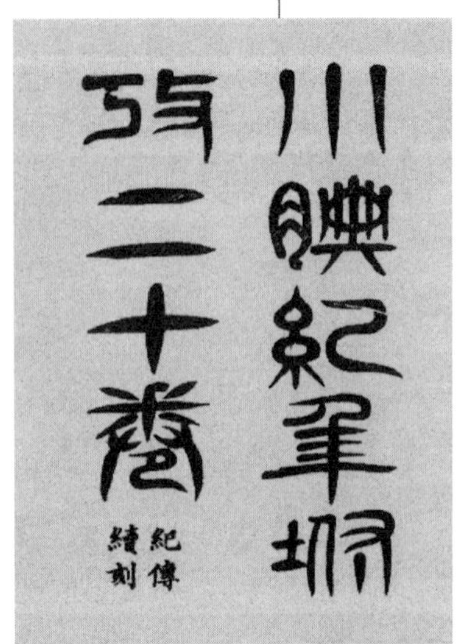
小腆紀年坿
攷二十卷
紀傳
續刻

徐鼒《小腆纪年附考》书影

人马，前来与金兵作战。韩世忠知其素不知兵，此去必败，暗中令儿子韩彦直率兵前来助战，击败犯敌，孙高才保住一条命，仓皇逃回。未过几天，奸臣童贯竟率二十万禁军来雄州传旨，诬称韩世忠丧师辱国、失守封疆，刑具加颈，并打入囚车。颜佩韦听到这里，按捺不住怒气，拍桌大叫，训斥说书艺人道："讲这样歪书！讲这样歪书！"众人见他如此激动，惊讶不已，忙问何故如此。颜佩韦大声说："可恼！可恼！童贯这驐狗(案:'驐'，读作 dūn。驐狗，即阉狗)，作恶异常，教我那里按捺得定。"(第二折)别人劝道："既然是说书，情节有好有歹，又何必动真气?"颜佩韦却说："这等恶人，说他怎么?"当说书者劝他不愿意听就不听时，他怒气大发，踢翻书桌，竟然对说书先生动起手来。众人皆怕吃眼前亏，纷纷离去。一个好端端的书场，顿时人去楼空。靠开书场为业的周文元，"少年无赖，独霸一方"(第二折)，对搅散自己生意的颜佩韦大为不满，前来打斗，自称熟谙江湖上十八家打法，要将对方打个"落花流水"。岂不知三、两个来回，便被颜打翻在地，动弹不得，连声叫喊。结果，不打不相识。这一特殊的机缘，反而使他与周文元、杨念如、马杰、沈扬等人因情趣相投，结拜为兄弟。其实，颜佩韦不是有意搅乱书场，而是激于义愤，情难自抑，下意识产生过激举动。他为人的真诚、率直、嫉恶如仇，借助听书这一生活细节，得到初步展现。

周顺昌被魏忠贤所派校尉拘系。这件事情，本来与他这个"不读诗书"却又讨厌"学究斯文"的市井百姓并无直接联系。然而，颜佩韦毕竟是个主张正义的热血男儿，终日激情郁勃，却没得个发泄之地，正所谓"热血满腔赤淋淋，未知洒落何地；雄心一片闹轰轰，怎肯冷作寒灰”（第十折）。由于他“守着孩提真性”，所以，推断事理、评判是非的思维逻辑也很简单、直截。在他看来，太监魏忠贤是罪大恶极的坏人，“这校尉一定是魏太监差来的，必然来拿与魏家作对的乡宦。只是与魏家作对的，不多几人，都是好乡宦”（第十折）。捉拿好乡宦，就是“伤了天理”。既伤天理，就不能不问。这就是他的行为逻辑。正如其所唱：

> 【北斗鹌鹑】（净）俺生来心性痴呆，一味介肝肠慷慨。不贪着过斗钱财，也不恋如花女色，单只是见弱兴怀。猛可也逢凶作怪，遇着这毒豺狼、狠驽骀。凭着他掣电轰雷，俺只索翻江搅海。（第十折《义愤》）

一旦听说被逮者是清官周顺昌，南来缇骑又是“阉党私差”，颜佩韦马上义愤填膺，按捺不住，立即“广聚同侪，直入官阶”（第十折），欲与官府理论。当有人提议，齐聚官府，焚香跪拜，央求放人时，他不假思索地予以反对。这一细节说明，颜佩韦虽自称粗鲁、莽撞、“心性痴呆”，但社会阅历告诉他，阉党鹰犬不可信，只有并力同心，干出轰轰烈烈、惊天动地之事，才能令狗官畏服。这说明，在事件发生急骤变化的关键时刻，颜佩韦的理智战胜了冲动，以个人的理性判断抵消众人对官府的幻想，头脑是十分清醒的。他见众书生纷纷聚拢而来，便请这些人出谋划策。然而，书生们所想到的，不过是拉些学校的朋友，写申辩材料，投给毛一鹭，求他出面搭救。而在颜佩韦等人看来，毛一鹭既是魏忠贤的义子，周顺昌被逮，必然是他充当眼线。而央求此人出面相救，岂不是枉费气力？由此可见，颜氏透视事物的眼光，是何等敏锐？所以，他带领众人绕开抚台衙门，径往西察院门口呼吁。当秀才刘羽仪、王节等被知府传唤，吓得结结巴巴，连话都说不清楚时，颜佩韦等一方面声称“情愿入京代死”，另一方面则强调“魏太监假传圣旨，杀害忠良”，以此廓清视听，并表示“杀尽了满城百姓，再不放周乡宦去的”（第十一折），可谓有理、有节。一旦毛一鹭出现，塞巷填街的百姓激于义愤，一拥而上，以致场面大乱。自称“苏州第一个好汉”的颜佩韦、“真正杨家将”后人的杨念如等，面对屠刀，毫不畏惧，拼着性命，打进衙门，上演了一场如火如荼的反抗恶势力压迫的大戏。即使后来被捕押赴刑场之际，他们仍表现得大义凛然、慷慨激昂：

> 【前腔】（五合）刚强，仗义久名扬，说甚身遭无妄。权珰肆虐，堪嗟毒流天壤。（剑）自己惹出来的祸，说他怎么？（末）呸！我杨念如是怕死的么！（净）我颜佩韦打死校尉，万民称快，死也瞑目了！（合）锄奸击贼，五人儿也不愧东林党。只可惜救不得周吏部，死有余恨。痛孤忠万里俘囚，枉吾侪一朝倾丧。（第十八折《戮义》）

无疑，反抗阉宦的东林党，则成了他们心目中的英雄，并以东林相标榜。他们死后，仍欲化作厉鬼报仇雪恨。“目如闪电能杀贼，气贯长虹会扫奸”、“那怕他五侯七贵焰方燃”。（第二十折）烈性刚肠，宁死不屈，这就是

民间英雄的本色。

《麒麟阁》所描写的秦琼、程咬金、尤俊达、单雄信、罗成等人，或是衙门中捕快，或是卖竹扒出身，或家中小有田产，或以经商为业，或是将门之后，但都讲信义、重然诺，“性颇雄豪”、“志高千丈”、“济弱扶危”、疏财仗义，都是“义气中朋友”，都对欺压百姓的恶势力深恶痛绝。路见不平，慷慨相助，出身尽管有别，但更多体现出的是民间英雄的特色。罗成等人私改文书，潜入长安观灯，在民女王婉儿遭受恶少宇文成德欺凌之时，他们舍生忘死，打入许国公宇文府第，从淫棍密室将婉儿救出。尽管宇文家“势焰非常，皇帝就是他做的一般”，然而，这班英雄，不畏权势，不惧邪恶，敢作敢为，惯打抱不平，凡遇弱者遭受凌辱，便“放出手段”，奋力向前，锄强扶弱，伸张正义，俨然有小说《水浒传》中鲁智深、李逵诸豪杰的身影。

《风云会》中的郑恩胸襟洒落、性格粗豪。他家庭贫穷，好抡枪使棒，“偶见不平处，兀自奋不顾身”，发誓要做个顶天立地的大丈夫。赛哪吒淳于胜，在北岳大帝庙前设下擂台，夸海口要打遍天下好汉，确实也罕逢敌手。无奈遇到郑恩，三拳两脚便被打下擂台。赵匡胤“一生见义必为，万夫不惧”。本来，他大闹御勾栏并杀死歌姬，已惹下滔天大祸，故潜身出逃，来至太原地面，在叔父所主持的道观中将养病体。然而，一旦听说弱女子京娘被强盗抢劫至此，欲强逼其成亲，立即怒不可遏，便打碎铁锁，将女子救出，并孤身送其返乡，以使她与父母团聚。这又是何等潇洒利落！

李玉在作品中塑造了一批英雄，恰说明他所生活的那个时代缺少顶天立地的真英雄，亟需有人挺身而出，拯救世道。他曾在《风云会》中，借助郑恩、赵匡胤之口呼吁：“涂炭生民谁拯救?”(第十齣)恰透露出他心灵深处的潜在意愿。在他生活的那个时代，趋炎附势、作婢妾软媚之态者多，而负忠耿之气，敢作敢为，担当道义，以国家、民族利益为重者少，故而才有呼唤英雄出面拯救世道之举。

在明代，官场的腐败由来已久，这给权阉的当道埋下祸根。正德朝，太监刘瑾专权，公卿奉之若神圣。在他休假期间，不少官吏往往从早到晚恭候于其门旁，等待他接见。朝臣张綵为刘瑾所赏识，同僚便畏惧张綵，用侍奉刘瑾的礼仪对待他。张綵则大索贿赂，网罗党羽。抚州知府刘介，乃是他同乡，讨妾十分美貌。张綵将刘介提拔为太常少卿，并穿上很整齐的衣服前往祝贺，说道：“你怎么来报答我?”刘介赶忙回答：“除我一身外，全都是你的。”张綵听后很是高兴，马上派人直奔其内室，将刘之美妾用轿子抬回自己家中，据为己有。而刘介为了富贵利禄，竟然乐于将宠妾拱手相让，又有何气节可言?

天启朝，魏忠贤乱政，自内阁、六部大臣以及四方总督、巡抚，到处安插亲信，编织权势网络。谄媚取宠者闻风而动，卖身投靠，以致有“五虎”、“五彪”、“十狗”、“十孩儿”、“四十孙”之号，这都是他掌握相当权势的爪牙。即使那些皇亲国戚、朝中重臣，竟然也不顾身份尊严、显赫地位，不知廉耻地对魏阉竭尽献媚吹捧之能事，真令英雄抱愧含羞、文人为之气短。

国家出重金畜养此等官吏，战斗力又何从谈起?所以，清豫亲王多铎一旦渡江南下，南明小王朝旋即土崩瓦解。大学士王铎、魏国公徐允爵、礼部尚书钱谦益、保国公朱国弼等二十余名公侯、重臣纷纷迎降，有的甚至杀牛宰羊，大摆筵席，并召集梨园弟子数百人作歌舞之戏，为多铎驾临南京而庆贺。江北四镇之一的广昌伯刘良佐，闻讯率兵赶来，解甲投降，还请求由己出面，将弘光帝朱由崧捉来，以表示对新朝的忠心。此等败类的所作所为，真达到了厚颜无耻的地步。

与这类高官相对的是那些身世卑微的普通人，如苏州虎丘书生、常州卖扇者、文城壩卖柴者、五牧养鸦鸟者、玄妙观卖面者、邳州石楼寺僧等默默无名的市井小人物。他们一个个不堪清兵凌辱，作出各种形式的抗争。尤其值得一提的，是投秦淮河而死的冯小珰。他乃是一乞儿，临死前，题诗于百川桥，曰："三百年来养士朝，如何文武尽皆逃。纲常留在卑田院，乞丐羞存命一条。"（清·徐鼒《小腆纪年附考》卷一〇）两下相比，何啻天壤？这或许是作者十分推崇民间英雄原因之所在。

李玉在《一捧雪》等剧中，曾写到仆替主死之类的情节。在以往，这一内容经常为人所诟病，被指斥为宣扬奴才哲学。当然，仆替主死，是一种愚忠，也是应该予以批判的。但若放在他所处的时代语境下论之，除与其本人的身世或有关联外，恐还有深意，对那些背义忘恩、反面事敌者未尝不是施一针砭。汤裱褙的翻覆无常、见利忘义、趋炎附势、恩将仇报，在晚明政治风云多变的情势下，也未尝不无所指。当然，寄望于英雄出而救世，认识是有偏差的。时衰政坏，仅靠一、两个英雄出来拯救危局，是远远不够的。真正能挽救国家命运的，只能是广大人民群众。他

弘光通宝

们才是历史的主人。

（四）婚姻价值观念的别解

在传统的婚姻价值观念中，讲究的是门当户对与父母之命、媒妁之言，即所谓“择门第之相称，凭媒妁以联姻”、“不论男女年龄，只求门当户对”、“婚姻合两姓之好，须门户相等。必凭父母之命，媒妁之言，方始下定，谓之‘定婚’”。而且两性的结合，须有纳采、问名、纳吉、纳徵、请期、迎亲等一整套严格的程序，始能最终走到一起。“门当户对”是先决条件，只有“阀阅相契”、身份相近，即所谓“鸾凰自有鸾凰对，鸳鸯自有鸳鸯配”（《破窑记》第三齣），才能“以媒妁相通”。否则，婚事便无从谈起。《破窑记》戏文中穷书生吕蒙正，接得宰相之女刘千金所抛求婚之彩球，前去认亲，被千金之父刘懋讥为“山鸡焉敢配凤凰”，即是一例。所以“论姻亲也须要门户相当”（《破窑记》第五齣），则成了古时人们相守的法则。若是“贫苦的书生，向富贵人家求婚，便笑他阴沟洞里思量天鹅肉吃”（明·凌濛初《初刻拍案惊奇》卷一〇），而根本不考虑当事人的意愿。至于婚姻双方有否感情基础、相貌才情如何，则不在考虑之列。

对于女子的生活，封建礼法给予了诸多限定。强调为妇之道，“幽闲贞静”、“柔顺温恭”、“小心谨慎”，对父母或丈夫要言听计从，唤来便来，唤去便去。要足不出户，更不可与陌生异性有交往。总之，言行举止、音容笑貌，均在严格控制之下，即如《大戴礼记·本命》所说，“妇人，伏于人也。是故无专制之义，有三从之道：在家从父，适人从夫，夫死从子，无所敢自遂也。”

而李玉剧作中所反映的男女婚配，却反映的是另类的内容。《意中人》一剧中所写书生史弘，本来已到了婚娶的年龄。登门求婚者颇多，他却一概回绝。母亲责备他，他仍坚持已见，发誓必要寻得意中人，决不轻易将就。并欲借游学之名，走出家乡，扩大觅偶之视野，决计到人杰地灵之地，寻访心仪之人。很显然，史弘是在有意识地追求自主婚姻，所强调的是情性相兼、畅心如意，而不是门第高低、财产多寡，已逸出了传统婚姻道德的规范。而且，为了自己的婚姻幸福，宁愿违背母命。出人意料的是，母亲对他的婚事不仅没有逼迫，反而表现出对他这一举止的理解与宽容，竟然采纳了史弘的意见，任其外出寻访。这在礼法束缚严酷的封建时代，是很难想象的。

剧作中另一位主要人物刘梦花，本是相府千金。其父母并不担心她因春感情、睹花思春，也没有那类“凡少年女子，最不宜艳妆戏游空冷无人之处”（明·汤显祖《牡丹亭》第十一齣《慈戒》）的清规戒律，反而纵容其游赏花园，寻取诗料。封建社会主张的往往是“女子无才便是德”。《红楼梦》中的薛宝钗，尽管自己赋诗填词，无一不能，是位名副其实的才女，但却对人声称：“咱们女孩儿家不得认字的倒好。男人们读书不明理，尚且不如不读书的好，何况你我？就连做诗写字等事，原不是你我分内之事，究竟也不是男人分内之事。男人们读书明理，辅国治民，这便好了。只是如今并听不见有这样的人，读了书，倒更坏了。这并不是书误了他，可惜他也把书糟蹋了，

古版画中的薛宝钗

所以竟不如耕种买卖，倒没有什么大害处。你我只该做些针黹纺织的事才是；偏又认得了字。既认得了字，不过拣那正经的看也罢了，最怕见了些杂书，移了性情，就不可救了。"（第四十二回）何况在古代，女性能吟诗每每与行为出轨划等号。唐代李季兰，曾在五、六岁时作有《咏蔷薇》诗，中有"经时未架却，心绪乱纵横"二句，被其父断定为"必为失行妇"。（宋·尤袤《全唐诗话》卷六）看来，有才能诗，也成了女子立身的大忌。

而在本剧中，诗却转化为女子文化素养的重要内容，也成了青年人选取配偶的先决条件。后来，史弘之所以看上刘梦花，不仅是其具有漂亮的外貌，还在于她"长于翰墨"，擅长赋诗，情是因"慕才而起"。二人私下唱和，使彼此的了解、情感的沟通又加深了一步，于是发生了一双情深儿女隔窗订婚盟那最为动人的一幕。最终，二人成为恩爱鸳侣。按照封建道德的要求，"男女之大防"不能逾越。"男女七岁不同席"。正如当时所强调的那样，女子应"轻行缓步"、"敛手低声"，不能饮酒、习舞。而且，"内外各处，男女异群。莫窥外壁，莫出外庭。男非眷属，莫与通名"（唐·宋若莘《女论语·立身章第一》）。与男子交往，被视为大忌，即使姓名也不能轻易告诉对方。女子就应该深居闺阁，大门不出，二门不迈，相夫教子，甘为牛马。夫妻之间，即使感情深厚，也不能流露于外表，更何况青年男女的私下相恋呢？如此看来，刘梦花的私会情人，隔窗订盟，已违背了封建礼法对女性的要求，但却得到家长的认可。

其他如《永团圆》中江兰芳反对其父视婚姻如买卖的决绝态度，《占花魁》中莘瑶琴极力挣脱名利思想的羁绊，终于在市井贩贾中寻得真爱的艰难经历，均给人启示与警醒。这些在当时社会中不大可能发生之事，在剧作中却成为现实。青年男女对自主婚姻的憧憬，也由精心编织的梦幻，转化为似乎触手可及的生活画图。李玉这一对婚恋价值观的理解，无疑注入了市民阶层思想追求的某些内容。

同样，《眉山秀》一剧也反映出相类的内容。剧中的苏小妹，写诗竟然成了其生活的常态，闺房独处，是读诗、评诗；与兄长苏轼互相调侃，每每用诗；在相国寺私下相看意中人，又以诗或对句来试其才；甚至新婚之夜，新郎进洞房的“入门证”，也是靠做几首诗，诗可谓充斥了她生活的大部分空间。这部剧作尽管取材于他人小说，在思想内容上也有所承继，但它所反映的风雅婚姻生活，仍带有晚明之时追求个性自由的思想印痕。

《麒麟阁》中王婉儿，既对罗成的相救心存感激，又为他那英雄的人格魅力所深深吸引，愿托付终身，并由母亲陪伴，不远千里，亲来幽州投亲。当她闻知罗成已被其父绑上了法场，即将被斩首时，便舍生忘死，前往搭救，声称：“就便同死，以遂盟言。”（第二本卷上第七齣）在这里，罗成的不经父母之命而慌乱中允亲，王婉儿迢递千里，以寻旧盟，都体现出李玉突破传统婚姻道德的热望与期待。

四、李玉剧作的艺术探索

李玉作为明、清之际的曲坛大家，“苏州派”剧作家的领军人物，他的家庭究竟与歌场、戏班有着怎样的关系，由于文献的缺失，我们难以梳理明白。但是，他对古代戏曲创作谙熟于胸，从中获得不少灵感并受到许多启迪，则是不言而喻的。正因为李玉有着深厚的戏曲文化积淀，并熟悉与之相关的说唱艺术，故对戏曲这一艺术样式的感悟颇深。对诸如怎样写戏、写何等戏、为谁写戏等问题，都有着深入的思考。因此，其剧作以“当行”与“本色”兼胜而一直受到人们的青睐。晚明文学家冯梦龙，在“一笠庵传奇”第二编《〈永团圆〉叙》中曾说道：“初编《人兽关》盛行，优人每获异稿，竞购新剧；甫属草，便攘以去。”其剧作深受当时人们欢迎的情景可想而知。从这一层面上来说，李玉是一个专门为戏场提供文学脚本的专业作家。他不像有些作者那样，拈毫为剧，不过是富贵风雅生活的一个点缀。而他的戏曲创作，既是赖以谋生的一种手段，也是抒写情怀、寄寓褒贬、鼓荡正气、抨击邪恶、“销磨一腔热血”（《永团圆》“家门大意”）的生存方式。为使笔下所写迅即播之于场上，胸中垒块的发抒落到实处，“写孤忠纸上，唾壶敲缺”（《清忠谱》“谱概”），不在艺术上下足功夫琢磨并坚持锐意探索，是难以达到这一效果的。下面，仅就李玉戏曲创作的艺术探索略作论述：

（一）戏剧情节的精心架构

叙事类的艺术作品，自然离不开一定的空间结构来支撑。而且，它要在这一时、空范围中，表现人物性格发展的轨迹，揭示人与人、人与外部环境之间复杂的关系。这种表现与揭示，是借助一系列的故事情节发展来完成的。所以，就此而论，情节也是作品中人物典型性格构成和显示的动感画面。古人在文学作品创作中，也很重视情节的建构。清初李渔在《闲情偶寄》卷一“词曲部·结构第一”中，曾以建筑师建房子为例，说明文学作品情节结撰之重要。他说建筑师盖房子，在基础垫平之后，间架未搭建前，就应先考虑好何处建厅堂、哪里开门、房子的正梁用什么木料、支撑屋顶的横木用材如何，应一一计划在先，然后才能动工建设。其实，所讲的就是材料的组织与情节结构问题。

李玉戏曲作品的情节结构，主要凸显出三个方面的特色：

第一，情节主线突出。因为戏曲是诉诸场上的艺术，由戏曲艺人扮作剧中的人物，当场表演，靠口白、曲文以及肢体语言、面部表情，来敷衍一个丰富而复杂的生活断面，故要求情节线条直截、明瞭，主线突出，才便于观众群体的接受与欣赏。正如李渔所说：“一本戏中，有无数人名，究竟俱属陪宾；原其初心，止为一人而设。即此一人之身，自始至终，离合悲欢，中具无限情由，无穷关目，究竟俱属衍文；原其初心，又止为一事而设。此一人一事，即作传奇之主脑也。”（《闲情偶寄》卷一“词曲部·立主脑”）所谓“立主脑”，就是强调突出情节主线，凸显作家

"立言之本意"。如果思绪纷杂，忽东忽西，就会令观者眼中不过是"乱烘烘你方唱罢我登场"（清·曹雪芹《红楼梦》第二回）的闹剧，难以明瞭场上所演究竟为何物？作家的创作思想也无法体现。

如《一捧雪》，尽管写及朝中吏治的黑暗、家庭盛衰、人物遭际、世情冷暖等社会内容，但情节的主线却是玉杯"一捧雪"的保护与攘夺这一中心事件。剧中莫怀古的进京复官、有望升转，此后的颠沛流离、亡命天涯；其子莫昊的隐姓埋名，避仇他乡；汤裱褙以一市井匠人却得与上流社会人物周旋，并藉此平步青云、升官发财；严世蕃反复无常，设计陷害，以及戚继光、莫诚、雪艳诸人的遭际，皆与"一捧雪"存在着这样或那样的关联。可以说，"一捧雪"的去向，关乎许多人的命运遭际、祸福转换，也引惹出官场斗争的波谲云诡、扑朔迷离。但是，"一捧雪"的争夺，不过是事物的表象，官场的腐败、人心的险恶、世道的翻覆，才是作品所要表达的内容。

《人兽关》的情节也很集中，主要是围绕施氏施救与桂薪负恩而展开。剧作以桂氏一家由盛转衰、衰而复振之遭际的叙述为情节主线，而以桂薪的穷而暴富、负义忘恩、忽富忽贫的经历为副线。这两条情节线索，初则交汇而出，至《走越》一齣始主、副分离，并延伸出尤滑稽怂恿桂薪买官，官一旦得到则窃取而去，加速了桂薪家业的复败，促使情节急骤变化，很好地突出了情节主线的表述。其中，《鬻妻》一齣，乃是为施救之举作情节铺垫。《陷女》又是施救情节的延伸。《获藏》、《猝变》、《走越》，是由施救向负恩情节转换的关捩。而至《豪逐》、《牝诋》、《窘谒》、《愤泣》等齣，则是正面写桂薪夫妇负心背德的丑行。

第二，情节转换自然。戏剧情节的转换须脉络相通，自然连接，才不会突兀。要既出人意料，又在情理之中，才便于欣赏群体的接受与理解。如《占花魁》第五齣《拐绐》，乃是莘瑶琴由宦门之女沦为风尘女子的转折点。汴京失陷，莘氏家人沈仰桥夫妇带瑶琴逃难至扬州，欲觅船只由水路逃往临安，令瑶琴稍等。而恰在此时，往日邻居卜乔出现，见逃难女“没个男人跟随”，临时起意，想骗走女子，卖些银子，以换取衣食之用。这符合他市井无赖的社会身份。而莘瑶琴身为宦门弱女，从未出过远门，更何况是逃难至此？她一旦在异乡看到近邻，自然感到分外亲切，加之“鞑子又杀来了”的传闻不绝于耳，更其令她心惊胆战、惊惶失措。邻居的出现，似乎给她带来了希望，少女的单纯、真率、涉世不深，以及特定的情势与处境，使得她对目下的一切不可能作过多审视，便盲目听从卜乔谎言，被骗卖入妓院。由备受娇宠的宦门千金，沦落为受尽凌辱的青楼烟花，这一情节的转换，是真实可信的。

同样，第二十三齣《巧遇》所写秦种搭救花魁女于落难之中，乃是本剧情节的又一次转换。瑶琴陷身烟花窟之后，因貌美多才，经常受到达官贵人的追捧，用作品的话来说，就是“今日是齐太尉约下游湖，明日是张山人一班清客邀他做诗社，后日是韩尚书公子请他赏牡丹”，“被许多王孙公子交接惯了，岂肯轻易近人”。（第十八齣）这种灯红酒绿的奢华假象，也使她一时难以自控，想借助周旋于权贵之间的机会，选一可托付终身之人相嫁。此前，她虽说对秦种的温柔体贴有感于心，曾说：“我想有才的未必有貌，有貌的未必有才，有才有貌的未必多情解意。就是向日那卖油郎，他结想一年，空捱半夜，温存百种，怜惜千般，算来富贵之辈、文墨之中，亦绝无此人的了。”（第二十二龣）只是心存感激，但感激并不等同于爱情，也尚无许嫁之意。直至遭到豪门子弟万俟（mò qí）公子的凌辱，被拔下首饰、剥下衣服、脱掉鞋子，扔在十锦塘雪地，她才对贵族子弟完全绝望，乃生做“一个村庄妇人”（第二十三龣）即农家媳妇之想。莘瑶琴深深感到生活的前景黯淡无光，没有勇气再生活下去，甚至想一死了之。此时，秦种又出现在她的身旁，一力相救，真诚呵护，多方安慰。此际，她才深深地意识到，值得托付终身的“真诚君子”就在眼前。于是，主动倾诉出求婚的愿望，“今得遇足下如此钟情，况尚未娶，若不嫌烟花贱质，情愿永谐伉俪”，并称“布衣蔬食，死而无怨”。（第二十四龣）这一情节的转折，巧妙而自然，也很好地展示出莘瑶琴思想、性格演化的轨迹。

其他如《清忠谱》中的《闹诏》、《太平钱》中的《闹娶》、《眉山秀》中的《品婿》、《婚试》等，都在情节转换中起到很好的作用。

第三，情节发展节奏把握娴熟。剧本是由一个一个的情节单元组接而成的有机结构，是演之于场上的文字基础。它和小说一样，都在讲述一个完整的故事。但在具体表述上，又存在着诸多差异。小说家在创作中，可以不受时空的限制，采用描写式、叙述式或漫话式的手段，天马行空，纵横笔墨，展现故事的来龙去脉以及故事中人物的命运遭际，评述某事、某人之是非。宋元话本中的“看官听说”，就直接承担了这一评议功能。而戏曲则不然。它的搬演受到演出时间与演出空间的多方面限制，必须将纷繁复杂的社会生活内容，浓缩在一定的演出时段与表演空间内，故要求情节相对精炼、冲突必须集中、内容不得拖沓，还要把握好叙事的节奏。正如有的戏曲理论家所说：“一个戏剧性的行动，必须有‘一定的长度’，‘有头、有身、有尾’。它包括一系列引人入胜的情境；每一情境由前面发生的情境引出，它又激起期待的进一步变化，直到行动的终结，用约翰逊的话来说就是‘期待的终结’。”（〔英〕S. W·道森《论戏剧与戏剧性》）

从某种意义上讲，小说是表述式的，而戏曲则更着重于对生活场域以及活跃于其中的人物的重现，是呈现式的。戏曲中的这种呈现，所采取的应是那种步步登高、渐进渐强的方式，使接受者的情绪不断紧张，逐渐唤起审美激情，最终达到审美高潮。（参看金元浦主编《当代文艺心理学》）再说，我们虽说强调戏曲冲突，而且非常关注这种冲突的设计与安排，因为没有冲突就谈不上“戏”，也就失去了情节的波澜起伏，更难以唤起人们观赏之际那种紧张的心理期待，引人入胜的艺术效果更无从谈起。然而，也不能否认，如果冲突过于密集，编剧者刻意制造紧张性的效果，则会使接受者在欣赏过程中时时为紧张期待与过度亢奋相困扰，以至达到心理负荷能力的临界线，这就使人很容易产生审美疲劳与厌倦心理。反过来说，如果冲突不明显，情节一味拖沓，就不能唤起人们的审美心理期待，同样会使人昏昏欲睡，进而失去观赏的兴趣。如何驾驭这种平衡，就需要剧作家在情节发展节奏的把握上，做到有起有伏、张弛有致。熟谙戏曲结构排场的李玉，在创作中是很注意进行剧情调节的。

《永团圆》一剧之情节，围绕江纳的图谋退婚与蔡文英的拒绝退婚而展开。作品前三齣，主要是作情节铺垫，交代赖婚的背景以及相关情节。至第四龅《会衅》,江纳与女婿邂逅,不理不睬,视作路人,对朋友介绍,竟然以"这便是蔡家的此人"相称,显然有赖婚之意。至第五龅《奸叙》,始正面议及赖婚一事,剧情趋于紧张。再至《疑宴》,蔡母见请帖上的"称呼并无翁婿之礼",遂生疑团,便道出当年结亲情由:"这头亲事,我从不曾与你细说。向年你父掌选时,江翁图结丝萝,以百金为聘,遂联此姻。今日他家室富豪,我门庭冷落,江翁势利中人,其间或生他衅。"(第六龅)既回应《奸叙》一龅江纳对友人所说"此生家贫学废"、"小女终身难托"、"欲退还原聘",又使双方冲突趋于明朗化。继之而来的《诡离》一龅,写江纳以请酒为名,当面逼蔡文英写退婚文书,使冲突进一步激化。

按照一般人的想法,江纳此举,必定会遭到秉性正直的蔡文英的激烈反对。但事情的发展却出人意料,文英竟然不假思索,答应退婚。不过,他又以退婚文书必须由母亲画押为名,故意拖延,为此后去府衙控告江纳争得回旋的时间。兰芳不明就里,误以为文英"一见重利,顿违前志"(第十龅),薄幸寡情,便心灰意冷。继而,冲突双方的正面交锋,则为《贞梦》所写的静态画面所取代,又使剧情的发展冷、热相间,有起有伏。《赚娇》一龅,叙劣绅贾金为江纳赖婚事斡旋,往来于官衙,激怒"通学朋友"围聚宾馆吵闹,又使剧情再起波澜。作品正是在这种张弛相间、层层推进中,一次又一次地唤起观赏者的审美心理期待,收到了扣人心弦的艺术效果。

《麒麟阁》是据《隋唐志传》、《隋史遗文》诸小说而改编。小说内容极为丰富、复杂,这给戏曲作品的情节安排带来一定难度。作者在组织情节时,按照传奇剧写作的惯例，突出秦琼一人，但并未忽略对英雄群体、政治集团的描绘，同样安排得动静有致、冷热相间。如《友饯》、《临潼》、《审问》、《辩冤》、《擂台》、《辕门》、《途会》、《玩灯》、《闹府》、《醉劫》、《三挡》、《倒旗》、《斩子》、《灭计》、《大考》、《赚关》、《破关》、《夺寨》、《夺槊》等齣，场面大都宏阔浩大，情感的抒写也较为激烈奔放。而《卖马》、《送米》、《起解》、《落店》、《见姑》、《辞姑》、《回家》、《姬泄》、《惊像》、《相逢》等齣，情节的发展则相对舒缓、平静，雄阔场面的再现与生活细节的穿插，使得剧情曲折多变、摇曳生姿，接受者的心理得到了审美的满足。

（二）人物描写的视角转换

戏剧，自然离不了人物的塑造。李玉的剧作，在人物描写上不断转换叙述视角，力图从不同层面凸显典型人物的性格内涵，也有着自己的鲜明特色。

首先，作者刻画人物的精神风貌，每每将其置于剧烈动荡的社会背景下。如《一捧雪》中的周顺昌，这一人物的生活场景，作品一开始就有着明确交代。当时，以魏忠贤为代表的阉党，势力方张，凶狠异常，培植爪牙，倾陷异己。尤其视一力抨击矿监、税监，主张开放言路、改善政治的东林党人为仇敌，杨涟、左光斗先后被捕，万燝因弹劾魏阉掌控铸钱所用废铜，“以操天下之利权”，进而“揽天下之政权”，被午门外杖一百。当时几十个太监蜂拥而上，有的拽扯衣服，有的捽头发，按倒责打。杖后，隐藏在一旁的小太监，又对他锥刺拳击，致使其四日后身亡。本来，“廷杖之举，殊失士心”，何况受杖者乃忠臣杰士？（参看清・朱彝尊《明诗综》卷六六）正因群小横行，而使正人气短。如此一来,那些掌握权柄的大臣,无不噤声息气,唯唯诺诺。至于一般官吏,更是打起"顺风旗",唯命是从。吏治十分险恶,时局一片混乱。

而此时,面对邪恶势力的重压,刚刚被削夺官职的周顺昌,却凛然不惧,挺身而出,俨然以一斗士的身份,自觉厕身于反抗阉党的行列。此后,他的迎魏大中于舟中,主动与其联姻;径去十里山塘魏阉祠堂,指雕像骂不绝口;遭拷打时,哪怕牙齿被敲掉,生命危在旦夕,也毫不畏惧,当面指斥魏阉罪恶行径,皆是其顽强斗争精神的体现,是人间正气的鼓荡。作者在忠直之士与邪恶势力正面交锋的惊心动魄的画面展示中,凸显了周顺昌坚贞不屈的顽强个性以及忧国忧民的志士情怀。

而剧中的颜佩韦等市井人物,他们不过是自食其力的普通百姓。可以说,与朝中的风云变幻、官场的政治斗争,并没有多少直接联系。无论时局如何变幻,他们都得靠自身的力量养活自己。然而,这些人都是有着"真性情"的血性男儿,见不得"人间无义事","路见不平,即便拔刀相助"(第十折)。因而邀集众街坊,声援周顺昌。他们冲进官衙,打死校尉。一旦官府问罪,乃挺身而出,慷慨赴死,表现出民间英雄敢于担当、视死如归的豪壮气魄。《水浒全传》赞颂梁山英雄:"匣里龙泉争欲出,只因世有不平人。旁观能辨非和是,相助安知疏与亲!"(第四十四回)武松在快活林醉打恶棍蒋门神,有人说他是代主人报仇。武松回应道:"你众人休猜道是我的主人,我和他并无干涉。我从来只要打天下这等不明道德的人。我若路见不平,真乃拔刀相助,我便死了不怕。"(第三十回)颜佩韦等人的不论亲疏、见义必为、舍生忘死、扶植正气之举，与《水浒传》中所描写的英雄行为，当是意脉相连的。

借助将人物放在特定的历史环境中去描写这一平台，既能展现出不同人物(个别与一般)纵横交错的复杂关系，使主要人物的思想开掘具有一定的纵深感，又能使接受者明瞭作家笔下这一人物在做什么，为何做，怎样做，并进而认识典型人物独特性格之所在，以及其中所蕴含的历史价值与文化意义。同时，典型人物的精神风貌，也得以在不同层面上分别凸显。《牛头山》中的岳飞，《风云会》中的赵匡胤、郑恩，《麒麟阁》中的秦琼、罗成，《千钟禄》中的建文帝朱允炆，《万里圆》中的黄向坚等人物的描写，均能体现这一特色。

其次，作者善于运用生活细节描写，表现人物的性格。文学作品中的人物能否写活，给人以如闻如见之感，很大程度上取决于细节的真实。《水浒传》中，大致两次写及打虎，一是武松景阳冈打虎，一是李逵沂岭杀虎。前者因打死一只老虎而名扬天下，至今仍为人们津津乐道，而后者杀死四只老虎，却很少为人所知，关键在于前者的细节描写非常成功。在武松打虎之前，作者营造了一重又一重的打虎氛围，仅其手中唯一的护身武器哨棒，就出现达十五次之多，还有那一连十八碗的烈性酒下肚，都为打虎之举的发生做了充分铺垫。故一旦开打，便打出神威，打出惊天动地的气派，令人过目难忘。

武松打虎邮票

李玉的剧作，在细节描写方面也颇见特色。如《人兽关》第九齣《获藏》，桂薪夫妇偶然发现园屋地下藏银时的一

段对白。其中桂薪乃净扮，桂妻由旦扮，桂薪之子喜儿乃丑扮：

> （丑抢一锭、诨介）（净）娘子，你收拾了银子，我填平了泥潭。待我去——（旦）你往那里去？（净）我去报知施员外。（旦）报他何用？（净）在他屋里掘的银子，待他多收拾了去。（旦）啐！你好没见识，天赐与我们的银子，倒送与别人。（净）他是我大恩人，无可报得，如今送还他许多银子，他定养我们的终身。（旦）银子好好在自己手中，倒还了别人，在别人手里讨针线。自古道：人无千日好，花无百日红。倘一时心变起来，那时要长不长，要短不短，悔之晚矣。（净）既如此，他赠我三百两，我如今加倍还他六百两如何？（旦）他晓得我们赤贫，这六百两从何而来？若说是掘的，他道我家中所藏银子有几万万两，那时尽数交还，尚有许多不像意。不如休了这念头，倒得干净。（净）只是我们将许多银子何用？（旦）如今依旧诈穷。待等一年半载之后，到他州外府去置田买地，做起财主来，自由自在，那个管得我？（净拍手介）还是我的亲娘有主意。快把银子悄悄藏好了。

就细致刻画出人物性格演化的轨迹，显得十分真实。桂薪穷困至极，以致达到典妻卖女、自身难保的地步，是施济援之以手，将他从潦倒落魄的泥潭中搭救出来，并安顿住所，济之以衣食、钱粮，使他亲人得以团聚，生活有所改观。所以，他时常对妻念叨的是："娘子，常言道饥时一口，饱时一斗。我和你受施家许多恩惠，并无报答，心上何安？”（第七龅）然而，一旦发现地下埋藏的五坛各装有二十个五十两重的大元宝时，惊喜得手足无措，数了又数，恍惚是在梦中。见银而喜，如痴如狂，对一个曾在生死线上挣扎的人来说，也算是正常之举，即如古人所说，“利者，众人所同欲”（《周易程氏传》卷三），关键是看当事者如何对待这一“利”。桂薪一旦发现那么多白银，初则“看介”、“数坛介”、“拍额介”，当稍作冷静之后，想到的是填平泥潭，“报知施员外”，说明他当时良心尚未泯灭，还想着报答施家的救命之恩。但是，桂薪的这种报恩，带有很强的“利己”目的性，所言“待他多收拾了去”、“如今送还他许多银子，他定养我们的终身”、“他赠我三百两，我如今加倍还他六百两”等等，恰透露出其心底的隐秘。很显然，他是将物归原主视作市井贸易中讨价还价的一桩买卖，来斟酌此事该如何处置的，与施济当初对他的施恩而不图报，恰形成鲜明的对比。在这一层面上来说，桂薪即便在良知尚存、有报恩之想时，也不过是“利他”之念偶占上风，而“利己”之念却是根深蒂固、蠢动于心的。所以，听得妻子一番唠叨之后，他似乎豁然开朗，独吞窖银之想随即升腾而起。作者如此描写，是符合人物性格的发展逻辑的，也具有了生活细节的真实。可见，作品对桂薪这样一个背义负恩的反派人物，并没有采取漫画式的简单丑化，而是写出了人性的复杂、“义”与“利”的较量以及人物性格的内在冲突，使人物“活”在了纸上。

同样，《清忠谱》中颜佩韦性格中的“粗豪”、“血性”、“任侠”，且眼里容不得半点沙尘，也是借助细节描写来体现的。如《书闹》一龅所写，说《岳传》艺人开讲，颜佩韦等听书者的动作、表情，随着故事情节的发展而产生变化，或“随意点头低语”,或“作逐段恼怒、渐作不平状”,这就将说书内容、表达技巧、听众反映、场上效果等多方面的内容,非常传神地表现出来,给人以身历其境之感。当听到抗金名将韩世忠无故蒙冤,颜佩韦“拍桌怒嚷”,嗔怪说书艺人不该给韩这一奋战疆场、出生入死的忠臣义士安排如此不堪的结局,直斥其“讲这样歪书”,震惊了全场。颜无视众人的反应,大叫道:“可恼!可恼!童贯这蹴狗,作恶异常,教我那里按捺得定!”(第二折)还不顾众人的反对,阻止说书艺人继续开讲,并“踢翻书桌”,暴打说书者。这里,看起来似乎是闲笔,与剧作所叙苏州市民反抗阉党的斗争没多少关系。其实不然。这大闹书场中一系列人物动作的巧妙设计,强化了细节描写,为后来情节的发展作了很好的铺垫。正因为他“自守着孩提真性”,才会把场上故事误认作现实,以致当场气恼,掀翻桌子,怒打说书者。也正因为他恼的是“不忠不孝”,敬的是“有仁有义”,才会一旦听闻清廉正直的官吏周顺昌蒙冤被逮,便激于义愤,奔走呼号,起而抗争。前后情节的对接,是有着潜在的因果关系的。

第十七折《囊首》,叙述周顺昌在身陷囹圄、命悬一线之际,盼与亲人相见又怕相见的复杂心理,也写得十分真切感人。屠刀即将加颈,周顺昌举目无亲,甚至连仆从也无一相随,内心的孤独与苦痛可想而知。当他突然听说儿子来了,立即下意识地“大惊,跳起”,甚至连说话都变得不再流畅。面对阉竖的百般酷刑,哪怕敲落牙齿,手足俱折,周顺昌都没有皱一下眉、喊一声痛,而听说爱子茂兰将至,却掩饰不住内心惊慌。他所担心的是,因已身累及妻孥,儿子落入虎口,忠义一脉不得延续,反抗阉党之事无人接替。所以，当听说茂兰即将来探监时，“急摇手”阻拦，又“拭泪”诉说怕儿子见到自己如此惨状而伤心的衷曲。周茂兰在别人的帮助下扮作更夫入见，他初作“盼门、连跌”状，又作“强挣不起、横卧”状。当儿子进监，抚摸其伤痕、失声痛哭时，他也禁不住放情呼唤，转而又“强坐、忍泪、不出声”、“摇头长叹”，将父子之间狱中相见的悲戚情景，借助细节描写淋漓尽致地表现出来，自然唤起人们对其遭际的深切同情以及对阉党的无比憎恶。尤其是周茂兰，眼睁睁地看着阉党爪牙将其父活活勒死，场面更加惨烈：

> （生）魏忠贤！魏忠贤！你要我死么？我周顺昌生不杀汝，死作厉鬼，击杀奸贼便了！（丑、净将囊套生头、推生仆地、挽绳背拽介）（小生大叫抢上介）列位！动手不得的！不奉圣旨，怎便无法无天，狱底杀人？（急抱生、挽定绳索介）（丑、净）你是更夫，如此大胆，敢来讨死么？（净推倒小生介）（又用力扯索介）（小生急起抢介）（杂揪倒小生滚地介）（小生翻推倒杂、又抢上）（杂急起、揪小生倒地、骑坐前场介）（小生在地哭喊介）（净、丑用力拽生、生将身乱掬、脚乱跳、渐作死、挺直在地介）（净、丑作放绳、气喘、各定力介）（杂放小生、小生扑生尸、跌哭介）阿呀，爹爹阿！（第十七折《囊首》）

《酒灌严世蕃》连环画

以细密的动作设计，勾画出父子生离死别的凄惨景象：当如狼似虎的阉党爪牙用布袋套

住其父头颅，推到在地，并用绳索套住脖颈反向拉动时，作为亲生儿子的周茂兰，顾不得假冒更夫的身份，大声呼叫着冲上去，想救护父亲。这是父子间血脉相连真情的自然流露。此时，他保护父亲的强烈愿望，压倒了对自身将要承受的灾难的担忧，奋不顾身地扑了上去，紧紧抱住周顺昌，挽定绳索，拼命阻止施刑者将绳索越拉越紧。此时，阉党爪牙对这一"更夫"的举止也大为愕然，将他推倒，继续拉绳索。周茂兰倒地复起，再次冲上前去。结果，仍被对方推到。他就地一滚，将对方推个趔趄，再次扑向父亲。阉党爪牙将他衣服捽住，按在地上，骑于身下。他拼命呼喊，奋力挣扎，直至晕了过去。然而，醒来后，茂兰一旦看到父亲被活活勒死，则撕心裂肺地喊出："一霎起波涛，顷刻极刑遭；囊头亲祸惨，儿睹胜吞刀。恨不得代爹行拚生命抛，恨不得赶黄泉将爹抱牢。"（第十七折【蛮牌令】）一腔怒火、冲天怨气，难言的惨痛、无尽的悲哀等复杂情感交并而出，读之令人恨恨不已。

再次，作者善于运用对比的手法，写出人物性格的复杂性。《一捧雪》中的莫怀古，心地善良，同情弱小，诗书蕴藉，有清雅之兴；鸥鹭为伴，具散淡之风。他虽曾为官于京师，广交朋友，但也存在着不少性格缺陷。如身在林下，却心心念念不忘做官，又政治经验不足，在是非判断上时常出现失误；世事磨练不够，分辨不清人物好坏。如此等等，都是造成他人生悲剧的主要原因。在其思想深处，尚有庸俗、势利的一面。家中安逸、富足的生活，莫怀古仍不满足，非要进京补官，很大程度上是严世蕃的"累次致书相约"（第一龋），勾起了他升官发财的美梦，甚至表现得急不可耐。当夫人符氏劝告他，严家势力虽然炙

手可热、威压九卿，但兴衰无定，冰山易倒，何足倚仗？应防城门失火，殃及池鱼。而他却盲目自信，根本听不进相反意见，反而认为严家权倾朝野，略略相助，自己便可平步青云，也不枉为簪缨之后，名位思想是何等严重！且为达到这一目的，莫怀古不惜屈身攀缘权贵。他一旦到京，立即前去严府拜访，并举荐了所救之汤裱褙。不料，自此埋下祸根，日后所发生的种种颠沛流离、妻离子散之事，均与此有关。严世蕃向莫怀古索要祖传宝物“一捧雪”，本来，莫以赝品顶替，已巧妙地瞒过了严、汤的眼目，且得以升官，可谓万事大吉。然而，当他与汤裱褙一起饮酒时，却将对面忘恩负义之小人误认作“心腹至友”，趁着酒兴，令人把真“一捧雪”取出而加以炫耀。汤一旦返回，立即密报于严世蕃，莫怀古由此惹下滔天大祸。在这里，汤裱褙的刁钻圆滑、看风使舵、趋炎附势与莫怀古的书生意气、虚荣浮躁、浅薄轻信、黑白不辨，形成了鲜明的对照。也正是在这种对比描写中，使人物性格的复杂性得到多层面体现。

《麒麟阁》在塑造秦琼这一英雄人物形象时，也有意识地将他与程咬金、尤俊达、罗成、齐国远等不同性格的英雄作对照描写。秦琼乃将门之后，武艺高强，性颇雄豪，喜结交天下朋友，济弱扶危。他胸怀大志，想为国立功，名登功臣阁，但处世谨慎，且也有热心助人、柔肠似水的一面。程咬金去酒店饮酒，却无力支付酒钱，他闻声赶至，代为偿还。又因事外出，担心程衣食不济，临行，特以白银十两相赠，供其家中用度。还代程咬金通融关系，让家中富有的尤俊达接纳他母子同住，以解除其衣食之忧。秦琼处处替别人着想，可谓周到备至。但在大的问题处理上，却表现得格外审慎，如他奉唐节度使之命，往东京给杨太师送寿礼，程咬金等人争着要同往，以观赏花灯。因路上盘查甚严，秦琼一力阻止，说道："你们要同去看灯？这个使不得。"尽管众人一再表示，"一路上改头换面，决不贻累大哥"，秦琼仍不应允。然而，一旦听说他们私改了文书，将"一人"改作"五人"，初则大惊，继而无可奈何地说道："罢！罢！只是路上小心。明日同行便了。"（第一本卷下，第二十四龂）足见他虑事的缜密、为人的谨慎。进入东京，又担心惹出祸端，苦苦劝兄弟们不要去看灯。

而罗成却机灵得很，他趁秦琼不在，拉着众兄弟进城赏灯。程咬金当即表示："倘有事故，俺这一对拳头，也还可退得千军万马。"罗成倒比程咬金细心，安排道："还是依着表兄，不可生事"（第一本卷下第二十六龂），并建议只在游人较少的城西玩耍。作品写道：

> （众）秦大哥，你也进城来了。（秦），药师吩咐，教我们千万不可看灯。却瞒过小弟，竟自进城来了。放心不下，因此各处追寻，邀取列位哥回去。（尤、齐）咳，又来见鬼了，偌大京师地面，难道灯也看不得的？（程）不是我程咬金夸口，就有什么事，只消我一拳一脚！（秦）咄！你这厮又来多事。李药师之言一定不差，此时城门尚开，一定要拉了回去。（罗）列位哥，既然表兄执意如此，我们只得出城去罢。（众）咳，好扫兴！（第一本卷下，第二十六龂《玩灯》）

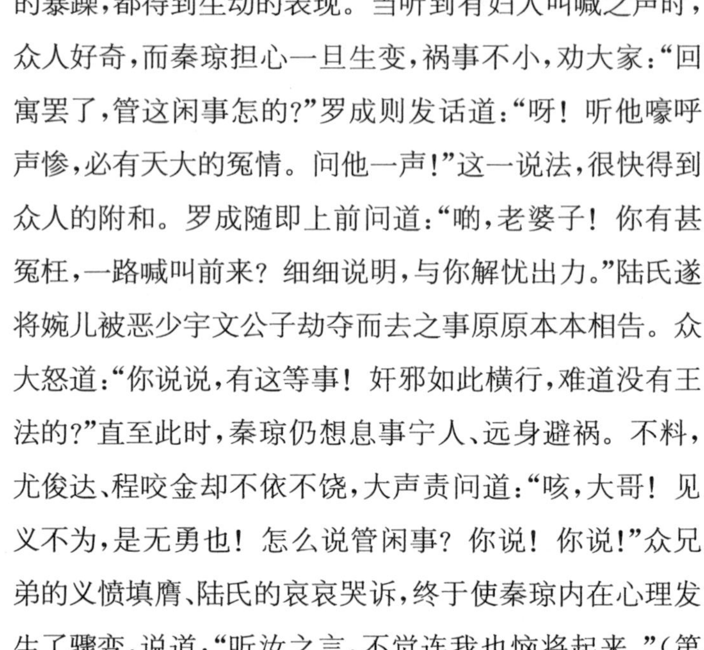

在这里，秦琼的忧悒、罗成的精细、程咬金的粗豪、尤俊达的暴躁，都得到生动的表现。当听到有妇人叫喊之声时，众人好奇，而秦琼担心一旦生变，祸事不小，劝大家："回寓罢了，管这闲事怎的？"罗成则发话道："呀！听他嚎呼声惨，必有天大的冤情。问他一声！"这一说法，很快得到众人的附和。罗成随即上前问道："哟，老婆子！你有甚冤枉，一路喊叫前来？细细说明，与你解忧出力。"陆氏遂将婉儿被恶少宇文公子劫夺而去之事原原本本相告。众大怒道："你说说，有这等事！奸邪如此横行，难道没有王法的？"直至此时，秦琼仍想息事宁人、远身避祸。不料，尤俊达、程咬金却不依不饶，大声责问道："咳，大哥！见义不为，是无勇也！怎么说管闲事？你说！你说！"众兄弟的义愤填膺、陆氏的哀哀哭诉，终于使秦琼内在心理发生了骤变，说道："听汝之言，不觉连我也恼将起来。"（第一本卷下，第二十六齣）

秦琼、罗成、程咬金等虽说同为英雄人物，但由于各自出身经历、生活环境、文化素养的不同，性格也各异。作品将同一类型的不同人物，集中在猝发的同一事件中予以描写，通过对他们处世态度、行为方式、说话语气的逐一展示，生动地刻画出其各不相同的鲜明个性特征。

（三）戏中之戏的灵活穿插

关于李玉剧作中的戏中之戏，李玫《明清之际苏州作家群研究》一书，曾专列"'戏中戏'的审美意义"一章，结合苏州派作家群体所创作的剧作内容，从"'戏中戏'的来历"、"'戏中戏'的功用"、"'戏中戏'的内容特点以及对剧作风格的影响"作了全面而深入的论述，颇给人启迪。这里仅就李玉“戏中之戏”与作品内容表述、场上传播的关系等方面的问题作进一步论述。

李玉剧作中的“戏中戏”，大致分三种情况：

第一种，是将前代剧作的片段，揳入自己的剧作中，且以演出的形式呈现于场上。主要有《一捧雪》、《占花魁》、《万里圆》等剧作。如《一捧雪》第五齣《豪宴》，是写莫怀古入京补官，前往拜访权臣严世蕃。严称家中收藏古画甚多，但装裱乏人，莫便极力举荐汤勤。汤勤应召入严府，严世蕃设宴款待，席间，出家伶搬演杂剧《中山狼》以侑觞。《中山狼》杂剧，明人康海、王九思、汪廷讷、陈与郊诸剧作家，皆曾写有此剧。唯康海《东郭先生误救中山狼》（简称《中山狼》）一剧最为驰名。《一捧雪》所引【点绛唇】、【混江龙】、【油葫芦】、【天下乐】诸曲牌，均见于康剧第一折，且除【点绛唇】中“奔走天涯”句与康作同外，其余均不相同。而【寄生草】一曲中的“眼脑真馋劣”，是由康剧第三折【调笑令】“您谗眼脑天生毒，狠辣的心肠”一曲化出；【煞尾】一曲，也是由康剧第四折末尾的【太平令】演化而来，然仅保留了“把这负心的中山狼做傍州例”一句。因此戏乃穿插演出于剧中，只是作为情节的点缀，不可能对剧情作过多表述，很可能是据原剧情而重新填写，是对原曲文的浓缩。这一段戏文，起码具有三方面的作用：

首先，与本作抨击背义负恩之丑行的创作主旨暗相关合。作品“谈概”借副末之口，已明确指出，笔下汤裱褙，乃是“负恩忘义的中山狼”。而本齣串演《中山狼》时，又由“开场”的小旦道出“世路巇巇（案：‘巇巇’，读作 xiǎn xī，意谓危险、险恶）恩作怨，人情反覆德成仇。好把中山狼着眼，醒时休”之语。前后映照，使主题更为显豁。

其次，预示了情节的发展。汤勤入严府，由起初的蒙受莫怀古之恩，即所谓“今日得君提掇起，免教身在污泥中”，以至有“洪恩大德怎能酬”（第一齣）之叹慨，到攀了更高树枝，成了“潭潭相府”的“门下犬马”，社会身份再次变更。这一变化，既为其日后升官发财、跻身上层垫高了继续攀援的台阶，也是情节转换的关捩所在。作品强调“把这负心的中山狼做傍州例”。“傍州例”，意谓例子、榜样。元人杂剧《遇上皇》：“不会做官，看取傍州例，五刑文书整理”（第三折），即是此意。作品既强化“中山狼”这一“傍州例”，就预示着汤裱褙将是目下之“中山狼”，会作出“逞狼心便忘却颠和蹶，恣狼贪不记着恩和义”（第五齣）之事。

还有，映照了莫怀古这一人物只识得“茂林修竹”、“山林之兴”，面对世事人情却颟顸无知的性格特征。《中山狼》一剧，本来有警世、劝世之意。结果，他看过戏之后，只是盲目地跟着别人喊道：“好戏！好戏！”但剧作究竟告诉了人们什么，从中受到何种启迪，却根本无一语道及。这说明，莫怀古在待人接物上，还处于“孩提真性”的层面，对人毫无防备，以致遭到别人算计，搞得妻离子散。就此而言，“戏”中之“戏”并非有意凑泊，而是在深化剧情、烘染人物性格刻画方面，却起到相当好的作用。

中山狼

同样，《万里圆》第十一齣，叙孝子黄向坚往云南寻父，跋山涉水，历尽苦辛，至江西地带，大年夜入住许湾客店。同住鲍冲天、洪守

拙、仰思萱诸人，难耐旅途寂寞，遂串演《节孝记》中《淖泥》一齣。其中，仰思萱扮孝子黄觉经，上场后念道："羊羔能跪母，慈乌能反哺。我生六尺躯，孩提失慈怙。"并唱【驻云飞】一曲："客路孤身，想念慈亲欲断魂。遥望中条进，好觅萱堂信。嗏！（走一转）呀，果有淖泥在此！（唱）我举步实逡巡，泪珠滚滚。（白）我为寻母亲，就淹死在里头，也说不得了。我个娘吓！（唱）为母捐躯，敢惜身遭困。咳！我只得陷、我只得陷——（先看付、后看末、作跌介）。"宾白与曲文中所叙，实乃黄向坚沿途遭际之写照。"戏"与戏中之"戏"，巧妙地融为一体，强化了《万里圆》剧作思想内容的表述。

《节孝记》一剧，叙宋末孝子黄觉经寻母之事，大概是据《一统志》、《南城县志》所载黄孝子事敷衍而成。《曲海总目提要》卷三五收有此作，全本已佚。《缀白裘》五集卷一收有本作中《舂店》一齣，《旧曲钞本》第六册收有《遇拐》、《强媾》二齣。明末菰芦钓叟所编《新刻出像点板时尚昆腔杂曲醉怡情》第五册，收有《节孝记》中《淖泥》、《遇虎》、《祈梦》、《详梦》四齣。据清金埴（1663—1740）《不下带编》卷四所载，他于康熙戊戌（五十七年，1718）冬，曾在山东兖州官署观看姑苏名部所演《节孝记》，母子相见，情事真切，催人泪下。说明该剧于康熙末年尚有全本流传，李玉当读过全剧。这对于我们考察《节孝记》版本存佚都有很大助益。《节孝记》与《万里圆》，皆是写黄孝子寻亲事，民间称前者为江西黄孝子，后者为苏州黄孝子，以示区别，足见影响之广。

而《占花魁》第十一齣《尘遇》所演《玉簪记》中的"好一似玉天仙"、"紫竹观音坐"二曲，乃分别出自该剧第十一齣《闹会》中的【折桂令】与【江儿水】。前支曲子，为溧阳县富豪王公子游女贞观，看到前来烧香的耿小姐时所唱；后一支，乃观主潘法成与耿小姐在观看大殿中佛像时对唱。而本剧所写，乃是商贾寄旅他乡，听歌赏曲，以慰寂寥。《玉簪记》是描写书生潘必正与道姑陈妙常爱情故事的，与本作内容也相关合。其间又穿插了《张天师捉妖》一戏的搬演。接着便叙及沈仰桥偶然由此经过，发现丢失的妻子在这里卖唱，便打散光棍，抢回其妻。因演戏而聚集人气，使客栈成了"热闹所在"，这则为沈仰桥寻得失散的妻子提供了机缘。"戏"中之"戏"，成了情节转换的一个重要组成部分。又如第二十三齣《巧遇》，叙串演《党太尉赏雪》剧，稍后便写莘瑶琴被抛入雪地之惨景。"戏"里"戏"外，互为照应，深化了剧作内容的表达。

第二种，是在民俗活动的描绘中穿插戏曲表演。民俗活动是历史记忆在当代社会条件下的物化，是绵绵乡愁的载体，也是连接传统与现实的纽带、桥梁。戏曲表演，历来是其间的重要组成部分。如《永团圆》第四齣《会衅》所写金陵南门外各村坊之聚集，举办的"庆丰胜会"，就"特扮许多故事"。作品写道：

> （杂扮故事上、绕场下）（净、丑随下）（生、小生）好盛会！好盛会！
>
> 【南普天乐】急攘攘，车和轿；闹丛丛，狮和豹。昭君怨、昭君怨，塞外迢迢。送京娘，匡胤名标。（内锣鼓介）呀！看回回献宝，羊裘妆似猱。百尺高竿戏耍，戏耍吞剑轮刀。（杂扮故事上）（净、丑同上）（杂绕场下）（生、小生随下）（净、丑）快活！快活！

【北朝天子】惯征西女曹。战温侯虎牢。征东跨海人争道。钟馗戏妹,扮将来恁乔。咬脐郎真年少。朱买臣老樵,严子陵独钓,双妙双妙双双妙。黑旋风元宵夜闹。(内喊介)会来了!会来了!(净、丑)度函关青牛老、度函关青牛老。(杂扮故事上)(生、小生同上)(杂绕场下)(净、丑同下)(生、小生)有趣!有趣!

【南普天乐】小红娘,真波俏;法聪僧,风魔了。达摩祖、达摩祖,一苇乘潮。妙常姑,必正如胶。(内锣鼓介)呀!看彩球星照,书生投破窑。织女牛郎偷度,偷度灵鹊填桥。(杂扮故事上)(净、丑同上)(杂绕场下)(生小生同下)(净、丑)后边一发好了!

【北朝天子】小秦王奔逃,尉迟恭勇骁。少年打虎夸存孝。独行千里,美云长义高。会偷桃东方朔。牡丹亭梦交,望湖亭新套,翻调翻调翻翻调。活观音善才参着。(内喊介)会来了!(净、丑)采莲舟歌声噪、采莲舟歌声噪。(杂扮故事上)(生、小生同上)(杂绕场下)(净、丑同下)(生、小生)妙绝!妙绝!

【南普天乐】远西天,唐僧到。广寒宫,明皇造。七红间、七红间,八黑蹊跷。劫生辰,晁盖英豪。(内锣鼓介)(合)呀!看状元幼小,杏花夺锦鏕。并辔游街簇拥,簇拥几队笙箫。(杂扮故事俱上)(净、丑随上)(杂绕场下)(生、小生同下)(丑拍手笑介)真个好盛会!

仅仅五段曲文,就述及《昭君出塞》、《千里送京娘》、《回回献宝》、《虎牢关三战吕布》、《(薛仁贵)跨海东征》、《钟馗嫁妹》、《白兔记》、《朱买臣风雪渔樵记》、《严子陵垂钓七里滩》、《黑旋风闹元宵》、《老子度函关》、《西厢记》、《玉簪记》、《牛郎织女》、《尉迟恭单鞭夺槊》、《李存孝打虎》、《关云长千里独行》、《东方朔偷桃》、《牡丹亭》、《望湖亭》、《西游记》、《唐明皇游月宫》、《智取生辰纲》等剧目二三十种，还叙及高竿戏耍、吞剑轮刀、唱采莲歌等伎艺表演。在唱词中嵌入戏文名，在民间文学中几乎形成一个传统。如晚清弹词名家马如飞的《二十四节气并戏文名》，其中说："西园梅放立春先，云锁霄光雨水连。惊蛰初交河跃鲤，春分蝴蝶梦花间。清明时放风筝误，谷雨西厢好养蚕。牡丹亭立夏花另落，玉簪小满布庭前。隔溪芒种渔家乐，义侠同耘夏至田。小暑白罗衫着体，望河亭大暑对风眠。立秋向日葵花放，处暑西楼听晚蝉。翡翠园中另白露，秋分折桂月华天。烂柯山寒露惊鸿雁，霜降芦花红蓼滩。立冬畅饮麒麟阁，绣襦小雪咏诗篇。幽闺大雪红炉暖，冬至琵琶懒去弹。小寒高卧邯郸梦，一捧雪飘空交大寒；白兔乌飞又一年。"(陈汝衡《说书史话》,《陈汝衡曲艺文选》)在这篇不长的唱词中，就收有《西园记》、《霄光剑》、《跃鲤记》、《蝴蝶梦》、《风筝误》、《西厢记》、《牡丹亭》、《玉簪记》、《渔家乐》、《义侠记》、《白罗衫》、《望湖亭》、《葵花记》、《西楼记》、《翡翠园》、《折桂记》、《烂柯山》、《惊鸿记》、《芦花记》、《麒麟阁》、《绣襦记》、《幽闺记》、《琵琶记》、《邯郸梦》、《一捧雪》、《白兔记》等二十余部剧作，且有不少是出自苏州派作家之手。同样，京剧、梆子戏中的《十八扯》，也通过场上人物的一

《陈汝衡曲艺文选》书影

系列动作，串演出许多剧目。

曲文中提及的“七红”、“八黑”，乃是指的戏曲搬演中十五个代表性角色。“红”，指的是勾画红脸者，如赵匡胤、关羽等；“黑”，是指勾画黑脸者，如尉迟恭、张飞等。因这些人物是戏曲场面上时常出现的主要大面角色，故有“七红”、“八黑”之说。不谙熟场上演出者，难以道出此语。如此的民间庆祝活动，所装扮的往往是某种戏剧中的一个截面，不可能将剧作内容全部演之于场上，故而涉及剧目特多。作品如此渲染场上之热闹，恰是为了反衬本齣所叙江纳与蔡文英相见以及密谋退婚时心地之阴冷，细腻地反映出人物心理的潜在变化，使之具有了细节的真实。

借助场上人物之口，一下交代出许多剧目。这一表现形式，大概是受到南戏《宦门子弟错立身》一剧之启发。该剧第五齣，叙女伶王金榜受宦门子弟完颜寿马约请，来书房相会，一连唱了【排歌】、【那吒令】、【排歌】、【鹊踏枝】四支曲子，道出自己擅演的《王魁负桂英》、《孟姜女送寒衣》、《周孛太尉》、《崔护觅水》、《西厢记》、《杀狗劝夫》、《张协状元》等数十齣剧目。同剧第十二齣，完颜寿马千里跋涉，追上王金榜的戏班，欲投身学艺，曾向班主表白，会演《朱砂记》、《关大王单刀会》、《管宁割席》、《三夺槊》等十余部剧作。不过，戏文中乃是一人自述。而《永团圆》则分别由“生、小生”（即蔡文英、王晋）、“净、丑”（即江纳、毕如刀）分别同唱，借助多人之口交代，场面更为热闹。且南、北曲交替，唱腔更富于变化。

而且，李玉的剧作，还借助戏中戏的搬演，交代了民间戏曲的生存状态以及演出（表演）情景。如《万里圆》一剧，曾如此叙写《节孝记》演出前的准备：

(末)豁拳没有兴头，做什么好？(丑)俺串戏。(末)串戏？串什么戏？(丑)俺串《节孝记》上黄孝子寻娘。(众)妙吓！(丑)他也姓黄，我也姓黄；他寻父，我寻娘；岂非一样！(付)妙吓！串那一齣？(丑)串齣《淖泥》罢！(付)只没有行头。(末)行头是要紧的。(丑)少条裙。(末)裙么？(付裹解裙)我有、我有。(末)有在那里？(付)在这里。(解。末)还少什么？(丑)还少个包头。(末)包头？(付)我有揩鼻涕绢头拉里。(末)可还少什么？(丑)还少一个仙人来救我。(末)仙人？鲍冲天，你来做个仙人。(付)我不晓得。(丑)不难，不难。俺到淖泥所在，你来救俺。(付)吓，你到淖泥没，我来救。(丑)是吓。阿呀，串不成！(末)为什么？(丑)还少鼓板。(末)锣鼓是要紧的。(付)有丢，主人家打闹元宵锣鼓拉丢，借来打打哉！(丑)绝妙的了！得罪，得罪！(走下。付)仰思萱，你、你串戏，为何走到这个所在去？(丑)咦，你每莫在行。俺串戏，到戏房里走出来的。忘记了，再打锣鼓！(第十一齣)

赵兴勤、赵韡《清代散见戏曲史料汇编(诗词卷·初编)》书影

此处所叙，虽有插科打诨的意味，活跃了场上气氛，但也真实道出乡村剧社的生存状态。这类艺术团体，由于资金的短缺、表演人才的不足、服饰的缺乏等方面的原因，在临近演出时，

不得不临时挪借。这一点，在其他文献里也能找到佐证。如清潘际云《花鼓戏》一诗谓：

村落冬冬花鼓戏，千人万人杂沓至。台高八尺灯四围，胡琴一响心乍开。靴帽何所借，里中富户分高下；裙襦何所求，前村少妇多绫绸。姊妹哥郎更迭唱，半是欢娱半惆怅。宛转偏工濮上音，缠绵曲肖闺中状。酒席半夜阑，风月今宵好。亦有女郎侧耳听，反说不妨年纪小。谁禁之，有县官。昨夜优伶赏果盘，幕友点烛三更看。（张应昌辑：《诗铎》卷二六，清同治八年秀芷堂刻本）

此诗详细记述了乡村家庭花鼓戏班因陋就简、夜间演出之情状。鞋帽衫裙，乃是向当地住户所借。上场演员为姊妹、姑嫂、夫妻、兄妹，以胡琴伴奏，所演多为有关儿女私情的小戏。（参看赵兴勤、赵韡《清代散见戏曲史料汇编（诗词卷·初编）》）此类载述，为我们研究古代乡村戏曲生存及发展提供了鲜活的史料。

在李玉的剧作中，还有的详细载述了说唱艺术表演之时场面的布置，乃至演出收入分红状况，反映了民俗语境下文化商品的生存场域。《清忠谱》第二折《书闹》叙述说书艺人李海泉在李王庙作场之情景：

（向净拱手介）朋友，可是去听书的么？（净）正是。（末）既如此，就此同行。（共走介）（合）行过施茶亭，就是李王庙。（作到介）（丑拿布蓬上场、撑介）（丑向内介）听书的人齐了，快些搬椅桌木凳出来。

(杂应,搬桌摆介)(众)这时候,怎么先生还不来?(丑)就来了。(付衣帽、短胡、执扇、摇摆上)兴来舌战词坛上,赢得腰缠作酒钱。(与众拱手介)列位请了!(丑)请坐了开讲。(外、小生扮客人急闯上)逢场来作戏,闹里去夺争。(向付拱手介)李海老,我们是淮安在这里枫桥卖豆,久慕你的大名,我们众朋友请你到寒山寺开讲一日,书钱从厚相谢。去,去!(丑)我们还讲不多几日,怎么到你们那里去?(付)且待此间讲完了《岳传》,小子就来请教。(外、小生)等不得,等不得!(净、末)凡事自然有个先后,也要个终始的。(付)三位且在这里听了今日的书,明日再议。(众)有理,有理。(各坐介)(丑将茶壶、茶钟放付卓上介)(付拉钱介)(众各银钱交付、争论少介)(付)且听了半回再找。

显然是临近演出,负责联系演出的经纪人(此处相当于戏园园主)才搭起凉棚、摆定桌、凳,等候听众入场。说书艺人到场,经纪人须供应茶水等物。每场的收入,大概在一千钱上下。说书艺人的吃饭,应由经纪人负担,另外给予一定的劳务费,其余的则归经纪人所有。听说书的费用,无一定规定,可以讨价还价。在古代史料中,载及说书或说书艺人者不少,如李斗的《扬州画舫录》、阎尔梅的《柳麻子小说行》、吴伟业的《柳敬亭传》、清凉道人的《听雨轩笔记》、阮元的《淮海英灵

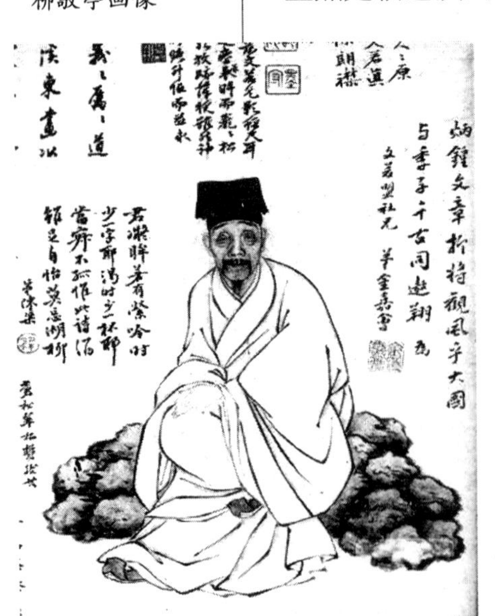
柳敬亭画像

集》等，但大多记载的是说书艺人的遗事或说书技巧、艺术效果，很少有人叙及“说书”作为文化商品推向市场的情况，此又可补各家载述之不足。

作者之所以将演戏之前的衣饰挪借、说书场布置以及利益分配写入剧作，除烘染场面、强化人物表现的生动性之外，更多着眼于接受群体的现场感受。江南一带，不仅是昆山腔艺术活动的中心，也是各种说唱伎艺非常活跃的地域。尤其是自明代以来，苏州地区就有各种名目的“会”。所谓“会”，就是仪式庄重、动用箫鼓杂戏以迎神的一种民俗活动。五龙堂、东仓、娄门、葑门、专诸巷、康王庙、虎丘寺等一二十处，皆为举行这类活动的重要场所。每当活动举行，必上演包括戏曲在内的各类伎艺。而且，城内戏园、说书场众多。有时，当地人设宴请客也在戏园。也有不少人是为凑热闹而来，在栏杆外观看，叫做“看闲戏”。人们自幼生活在这样一个戏曲、曲艺文化甚浓的氛围中，故每当看到这类演出，便会产生强烈的认同感、亲切感，所以乐于观赏。这里描述的，虽说是说书艺术表演的文化市场经营状况，但对于民间戏曲艺术传播场域的研究，同样具有借鉴价值。

第三种，是由说唱艺术的引入所构成的“戏中戏”。作者对说唱艺术十分熟悉，故能对相关情节信手拈来，揳入戏中，产生很好的艺术效果。如《清忠谱》一剧中，借说书人之口，描述韩世忠之子韩彦直在战场上英勇杀敌的壮烈场面：

两马相交，兵器并举，大战三百回合。金营中三十六员大将，一齐来战公子，公子毫不惧怯，越斗越狠。锤起处，流星赶月；锤落时，弹打流莺。锤往锤来，似两轮红日；锤上锤下，如万点寒星。左一锤，苍龙献爪；右一锤，猛虎翻身。探马锤，大鹏展翅，撒花锤，彩凤腾云。锤着人，半天霹雳；锤着马，一命归阴。锤风刮处鬼神惊，锤响声闻天地震。公子斗了半日，杀翻了数员金将。（第二折《书闹》）

以极具动作性的形象语言，将十四岁少年挥锤杀敌的情景写得虎虎如生、如闻如见，极具感染力。也难怪颜佩韦拍案而起，勃然大怒。就其语言的风格而论，当为评话。

《太平钱》第二十一齣《庙书》，称书场也设在庙内。作品借前往听书者之口说："我们乃扬州城中一班好顽子弟，每日赌钱吃酒，浑过日子。我们扬州最兴的说书，只因柳敬亭、韩敬山、吴心一都到下路去了，甚是寂寞。近日有一姑苏北寺里惯说因果的小和尚，到我们扬州开演书场，闻得今日在张真人殿前开讲，不免大家前去听一听。"讲的是《张真人太平钱因果》，也就是剧作所写张古老娶文姑之事。说因缘者敲钹静场，以韵文开场道："说新闻，话新闻，新闻出在广陵城。西关城外瓜园内，种瓜有个姓张人。年纪不多刚八十，无妻无子只单身。一朝大雪门前望，白驴一口奔柴门。张老收留来喂养，韦家遣使便来寻。"继之以道白："话说那白驴，日行千里，乃外邦贡献之物，圣上赐与韦谏议，韦老爷告病带回，养在家中。一日失去，韦老爷急忙差人各处找寻。"接着又是唱。唱词全为七字句，句式采用二、二、三结构，表现形式酷似宝卷，也与苏州一带盛行的弹词相近。其实，早在明代，郑之珍的《目连救母劝善戏文》"三殿寻母"一齣中，刘青提就唱了三段“七言词”，前后长达一二百句，历数为母之艰辛，即是向民间说唱艺术学习的范例。李玉可能受此类文学作品影响，有意识地吸收民间文学的表达方式，以弹唱因缘的形式，让张古老与文姑之事再现，既加深了欣赏者的印象，同时又令接受群体于看戏的同时领略到说唱艺术的妙处。这种说唱艺术穿插入戏的表现手段，也时常见于当今戏曲舞台。

说唱艺术的表达方式、表述口气，则直接影响到李玉的戏曲创作。在此不妨试举几例：

秦琼：“我秦琼，为缺少盘缠，受了店家几番恶气，只得将坐马变卖。昨日连夜还清了银子，取了回批。今早五更，收拾行李出城，归家心切，恨不能一步奔回。行了一回，呀，身子寒颤起来，怎处？（唱）病膏肓，煎人炎与凉。（白）嗳呀！不好了！一步也行不动了。（唱）倾欹步履谁亲傍，恍惚精神难主张。”（《麒麟阁》第一本卷上第八齣《跌庙》）

店小二：“壮士休要夸口，你且听我道来！‘此怪身躯凶恶，犹如黑漆装成；双耳直竖惯逞雄，眼似金铃相映。颈肚麟甲密砌，项尾膀阔三停；鬃毛抖搜起乌云，霎时山摇地动。’利害哽！壮士不要去。”（《麒麟阁》第二本卷下第十四齣《收马》）

左金王：“那接应的人马，河南有任家寨、沈家寨、平头垛、刘扁子，羊山内有奚惠王、掌世王、洒金王、闯天王，江北有老袁山、小袁营，三尖山有安豹、龚可成，麻埠寨有张福寰，其余的黄虎头、黑虎头、叶思川、日头营、月亮营等，通计九十四股，都是接应咱

们的。"(《两须眉》第二折《寇猖》)

语言节奏强烈，简洁明快，句式整齐，结构匀称，铿锵有力，朗朗上口，皆酷似说书艺人之口吻。就说唱艺术而论，一般以七字句、十字句居多，七字句之句式上文已述及；十字句句式，一般为三、三、四或三、四、三。这种句格，同样影响了李玉曲词的填写。如【解三酲】一曲，按照曲律，正格九句，即七、七、七、六、七、七、三、四、四。换头格九句，也为七、七、七、六、七、七、三、四、四，唯用韵有差别，此不详叙。而李玉《永团圆》第一龂《虀志》所用此曲，却发生了不少变化：

【解三酲】(老旦)乐虀盐清风无腼，守松筠匪石心坚，怎学得北堂截发供宾宴，断机教凛三迁。今日个停梭窗下看勤读，何日里击楫中流快着鞭？儿阿！须黾勉，好把那三坟五典，着意钻研。

【前腔换头】(生)展遗编把千秋微奥阐，活现出羹墙先圣贤。说什么饥吟寒读萧条景，论贫者士当然。今日里藜辉分照熊丸苦，何日得衣锦承欢戏彩旋？书阿！好把精光现，自古道文章有价，姓字奎缠。(老旦)天色已暮，我和你且到里面去，将釜中薄粥，瓮内黄虀，少充饥腹，再理灯火夜坐便了。(生)晓得。

前一支与后一支曲的第三、五、六句，由于衬字的灵活运用，却变成了较为整齐的三、四、三句式，与戏文《宦门子弟错立身》第九龂、《琵琶记》"书馆悲逢"所用同支曲子，在句式上已有很大不同。同样，《永团圆》第十九龂《获捷》中的曲牌【大圣乐】，按照正格为：六、六、七、六、七、七、四、五、四，凡九句。而在本作中，前支曲子的第五、六句为："但愿得抟空俊鹘秋翎健，不枉却尝苦熊丸庭教芳"，后一支【前腔】，第二、三句为："为什么受尽穷愁未肯降？你也向绮罗丛里多珍惜"，第五、六句为："若得你求凰有意弹别调，管交你跨凤欣然乐未央"，句式均为三、四、三。在李玉的剧作中，这样的例子不乏见，都不同程度地存在受说唱文学影响的印痕。如此看来，考察李玉剧作中的戏中之戏，不仅有助于对作品内容作深入了解，也使得我们进而明瞭了作家在创作过程中对不同民间艺术的接受与吸纳，是件很有价值的工作。

（四）讽刺手法的巧妙运用

李玉长期生活在明末清初社会的中下层，对民间艺术、民间风俗有着独特的感受，且有意识地接近"地气"，吸纳营养，来丰富、充实自己的剧作。民俗文化本来就具有娱乐功能，而根植于民俗文化的戏曲，其社会功用自然具有"乐人"的一面。但从戏曲发展史的视角来看，它从来没脱离以道德情感而"动人"的意义，对社会的丑恶、行为的悖谬、人性的弱点，时而施以鞭挞或痛下针砭。至于非常关注场上效果、场外效用的剧作家李玉，就经常在剧中运用讽刺手法去揭露假、恶、丑，颂扬真、善、美，自觉地运用戏剧创作来匡正祛邪，扶植人间正气。

《眉山秀》所叙秦观与苏小妹爱情故事，其中有一段插曲：因秦观名气大、词作传播广，自然引来诗词爱好者的崇拜。长沙风尘女子、"心耽翰墨"的文娟即是一例。她对秦词的喜爱，已经达到了迷狂的地步。"朝夕把玩"，甚或产生托付终身之想。如此一来，便给某些骗子的行骗留下了空隙。长沙城中柳思春，吃喝嫖赌，无一不能，而“唱曲吹箫”、“蹴球串戏”，却又一无所能。保媒拉纤、蹭吃蹭喝，是其看家本领，乃一典型的帮闲篾片。他整天习学品茶，学说清话，假冒斯文，一旦访得文娟心事，便与另一无赖郭敬竹设计，找到终日想着渔猎女色的暴发户包仰崇，极力夸赞文娟貌美，以吊起其胃口。二人令包扮作秦观，现教几句词以及应答用语，便前往文娟处，想骗财骗色。其实，这包仰崇家中富有，任性挥霍，但一字不识，呆头呆脑，结果，搞成了一幕闹剧。

一个目不识丁偏要附庸风雅、假装斯文的土豪，自然出口便是粗俗之气。如第十二齣《伪闹》开头所写，文娟闻知自己的偶像竟然大驾光临，当然摆宴席恭候。包仰崇听说后，连说：“有兴！有兴！”作家故意将“幸”写作“兴”。“幸”，有幸而、庆幸、幸运之意，前加“有”字，以表对当事者的客气、恭敬。而“兴”，似乎有赏光、赏脸的含义，若如此，则对主人大不恭了。接着柳思春告诫包仰崇要放出翰林规矩，这个土豪不以为意。在他看来，既然有钱，就能学得“士夫行动”，大摇大摆，也许就是“翰林规矩”，对文学之士的风度、做派根本一无所知，因生硬模仿，故丑态百出。包仰崇自认为秦观履历以及应酬话语已烂熟于胸，然而一旦被要求预演，他又求救于郭敬竹。对秦观诗赋，包口称“一发稀烂”，但让其背诵，又推称郭敬竹会背。郭一句句教，包鹦鹉学舌般跟着念，还依然念得上下脱节、七颠八倒，是如此愚笨无知！

初见文娟时，包仰崇由于按照预先拟定的文稿像学生背诵课文一样去念，虽偶有小错，然尚无大碍。但当问到所寄书信“曾入台览否”？意思是说是否收阅，前面加一“台”字，以示恭敬。他不明所以，只能以“不敢”勉强应酬，别无他语，显然不是“翰林规矩”。当对方再次问他何日出京时，他却抢着回答：“学生姓秦名观，字少游，高邮人氏，职授翰林。苏老泉是妻父，子瞻是大舅，子由是二舅，小妹是敝房。久蒙文娘错受，特来拜访。”（第十二齣）他这一段文字大概是背得最熟，故不假思索，脱口而出，然答非所问，风马牛不相及，以致出了一个大大的洋相。寥寥数语，便被文娟看破行藏。

这里运用的是自曝其丑的讽刺手法。作家对笔下人物不作任何褒贬，而让描写对象于言谈话语间，自我呈现出丑陋的一面，达到很好的讽刺效果。正如法国喜剧作家莫里哀在《〈达尔杜弗〉的序言》中所说：“戏剧在纠正恶习上也极有效力。一本正经的教训，即使最尖锐，往往不及讽刺有力量。规劝大多数人，没有比描画他们的过失更见效的了。恶习变成人人的笑柄，对恶习就是重大的致命打击。”因为“只有当丑力求自炫为美的时候，那个时候丑才变成了滑稽”（［俄］车尔尼雪夫斯基《美学论文选》，人民文学出版社 1957 年版，第 111 页）。滑稽的很大一个特点，就是弄虚作假、愚笨丑陋，而又曲意假装，以假充真。当然，假的毕竟是假的，当伪饰的虚假外套逐渐褪去之时，剩下的便是赤裸裸的充满腥臭的腐烂躯干。作家正是借助这一人物的描写，给弄虚作假、冒充斯文以渔利者下一针砭。

作品还以夸张、变形的方法，让描写对象尽现其“丑”。如《牛头山》第六齣，新任东京留守杜充（丑扮）上场时的一段韵白，就颇具漫画效果，中云：“区区名唤杜充，胸中一字不通；文不会读书写字，武不晓射箭攀弓。打干天下第一，鑚刺不肯放松，先做了靖康年间的漏网，今做个南渡新主的从龙。全靠许多脚力，更兼线索无穷。凑巧缺了东京留守，美官个个眼红。勉强赊来到任，京债讨得忒凶。只要把金银搜括，那管他保守城墉。”在强敌压境、国难当头之际，他靠赊债买得一官。上任伊始，所想的不是训练将士，保住城池，而是巧立名目、搜刮金银，以偿买官之旧债。这样一个既不读书、又不习武的庸夫，竟然靠钻营有方谋得如此重任，当时吏治之腐败则可想而知。继而，作品描写其初上任之情况：

(丑白发冠带上)……闲话少说，银子要紧，且出堂去，与这些书吏们商量设法再处。(内)分付打鼓升堂！(付扮□、外扮吏，老、小扮军牢上，丑作出堂介。丑)咚咚堂鼓响，济济两边排；官爵时时进，金银日日来。(吏)皂隶排衙！(众应介。丑)不要排衙。(众应介。丑)不要排衙。书吏过来，有话商议。(吏)有何分付？(丑)我老爷到任许久，再没有一注大财，怎么处？(吏)自古道官久则富，老爷若要大财，且等一等，自然有的。(丑)咳！你便等得，我老爷等不得。那些讨京债的，日日在衙里头闹炒，你每快些与我设法便好。(吏)这样残破的所在，那里去设法？(丑)这等说起来，我做这个官何用？(吏)前任宗老爷、岳老爷俱做得好好的，老爷怎么说没用？(丑)呸！他们都是做清官的，故此不要赚钱。我老爷犯本钱来的，元宝大锭、雪花纹银，整千整万，一刻也迟不得。(第六齣)

刚刚上任，首先想到的是赊银子买官所欠债务如何偿还，即所谓“银子要紧”。梦寐以求的是“官爵时时进，金银日日来”。然而，一旦升堂，两排皂隶站立两旁，他又感到眼前如此多眼目，不便于计议如何搜刮金银之私密之事。故而，皂隶刚刚站定，又令他们统统下去。这说明，作家在刻画这一人物形象时，并没有把他简单化，而是写出了其狡黠、虚伪的一面，这比较符合生活事理。衙皂退下后，他立即将需要“一注大财”的想法和盘托出，急不可耐，公然声明不做清官，要的是“元宝大锭、雪花纹银”，以致挖空心思想出克扣军饷、逼勒差役、敲诈官员、勒索乡绅等等损招，可谓贪得无厌。当这些方法一一为属吏否决之后，他又想出诬陷百姓谋叛的“恶策”，是何等心狠手辣、丧尽天良！一旦金兵打来，杜充作为一个握有重兵、大权独掌的高官，反而向吏目求计、求救。作品写道：

(丑哭介)已到城外了，怎么处？(跪吏介)好吏典！好相公！救我一救。(吏)我怎么救得老爷？(丑)你领一领路，同我出外逃脱此难，就是我重生父母了。(内作金鼓介)(吏)金兵已到，必然四面围城，那里逃走得脱？(丑又跪介)看相处面上，只求你救一救便了。(吏)除非及早投降，或者得脱此祸。(丑)妙阿，妙阿，你替我去投降了罢！(吏)这是要老爷自去的，怎么代得！(丑)怎么去得？(吏)大着胆儿，顶着印匣，亲到军前投顺便了。(丑)有理！有理！(手捧印匣抖介)大着胆儿去，走！走！(吏)忠臣不怕死，(丑)怕死不忠臣。(哭下，吏同下)(第六齣)

历史上的杜充，乃相(今河南安阳)人，宋哲宗绍圣(1094—1097)年间进士。喜功名，性残忍，好杀而短于谋略。他任职沧州时，金兵南侵，侨居此地的北方百姓前来归附。他唯恐前来投奔者是敌人内应，竟然将他们全部杀掉。任东京留守时，杜充对西河抗金义军猜忌防范，致使人心涣散，纷纷离去。当年，提刑郭永曾评价他："有志而无才，好名而遗实，骄蹇自用而得名声。"守真州(今江苏仪征)时，杜充禁不住金人完颜宗弼许以封王的诱惑，遂降。

本剧对他的描写，显然是作了很大程度的夸张、变形，以漫画的笔法尽显其丑。在作者的笔下，他既无功名之想，又无远大志向，念念不忘的无非是金银财宝，可谓财迷心窍，利欲熏心，而又愚蠢至极，甚至连如何投敌都要向属吏请教。这一讽刺，可谓入骨三分。晚明之时，贪污贿赂成风，赃官污吏横行。本剧如此描绘杜充形象，同样具有很强的现实针对性。

而《人兽关》一剧，桂薪为施济资助，摆脱了饥寒，使业已典卖的妻、女回家团圆。然而，当他发现施家祖上所藏窖银后，便见财忘义，席卷而去。施家败落，施还母子穷困潦倒，不得已前来投奔。面对恩人临门，桂薪却翻脸无情，拒不认亲。而他本人，有钱后又一心想升官，托妻弟尤滑稽携重金代为操作。不料，尤滑稽买得官职，却窃为己有，反将姐夫视作路人。作品写道：

(杂擂鼓介)(净)好一个衙门，何等威势！我老桂费了许多银子，焉能有这一日。(杂喝介)喋声！老爷升堂了！(付净冠带随杂上)

【字字双】生性从来会脱空，撮弄。学把乌纱顶泛供，借用。买官不费半分铜，白奉。一场富贵撞金钟，春梦。

（杂禀介）姓桂的拿到了。（付净）着他进来！（杂喝净进介）（净拜跪、付净略还礼介）（净俯伏介）（付净）我一时便宜行事，暂撮你的银子，营干我的前程。（净抬头见付净、惊起介）（净）呀！你是老尤？（付净）你也不消惊骇，我做了官，你的银子我少不得一一还你。（净怒介）你镇日哄我做官，倒去自己买了，是何道理？（付净作色介）公堂之上，那个容你啰唣。我念你是个乡亲，今日到任，唤你相见，你反肆无状，可恶！可恶！我晓得你行囊中尚存白银三百两，我因新任多费，一发借与我用了，后日一并还你。（对杂介）你二人呵！……（净）你骗了我许多银子，只存得三百两，又要我的。（杂喝介）不许开口！（付净对杂介）你对那店家说，我老爷呵！尊官体，秉至公，并没乡亲来厮共。忙驱遣、忙驱遣，莫留影踪。如隐匿、如隐匿，罪及房东。

冯惟敏雕像

（杂）领钧旨！（扯净下）（付净大笑介）快活！快活！有这等便宜事体。别人盘缠我到京，白白把三千银子买一个官来，我自做了，又送三百两来做赠头。天下有我这样造化的人，岂不快哉！乐哉！（第二十五齣《幻骗》）

作品所写，真可谓“翻云覆雨太炎凉，博利逐名恶战场”（明·薛论道【双

调·水仙子】〈愤世〉)。明明是郎舅至亲,为官后"至亲"却变成了"乡亲",甚至连乡亲都不算。本想着"亲骨肉凭他倚赖",却不料,一旦头戴乌纱,眼孔竟然放大许多,将亲姐夫拿进官衙,令其跪拜相见。本来是花巨资买官,官却为内弟抢去,真应验了那句"乌纱帽,满京城日日抢"(明·冯惟敏【双调·清江引】〈八不用〉)的老话。明明是窃得官职,"买官不费半分铜",却在至亲面前,摆出官体、官威,将蝇营狗苟之丑行,美化为"尊官体,秉至公",是何等荒唐、可笑,卑劣至极!一"恭"一"倨"、一"贵"一"贱",形成强烈的对照。正是在这种两两对比中,剧作对世事翻覆、人情冷暖作了淋漓尽致的揭示,无情地讽刺了世俗社会中存在的种种背义忘恩恶行。而作品所写的"强中又有强中手,大骗受了小骗累"(第二十五龅),让负恩的桂薪为至亲所背负,依然陷入沦落不堪的困境。这一情节的结撰,当会令接受群体分外解气。睹此,定会发出会心的一笑,起到了惩戒邪恶、褒扬良善的社会效果。

结语

李玉作为生活于明、清之交的一位著名剧作家，他的数量可观的剧作，丰富并充实了当时的戏曲舞台，引领了那一历史时段的创作风气，最起码实现了三个方面的创新：

首先，在剧作的取材上，如人们所云，打破了晚明之时“十部传奇九相思”的创作格局，将笔触延伸至他所生活的那个时代，把人们普遍关注且发生未久的历史事件拈入笔下，展现时代的滚滚风烟以及当地如火如荼的生活场景，让人们近距离地审视那些恍然在目的往事，含吮并咀嚼深蕴其中的生活哲理与人生追求。尤其是《清忠谱》、《万民安》二剧，以当代人写当代事，将发生于晚明的苏州市民反对阉党斗争的两次大的事件搬上舞台，在选材上更具有里程碑式的开创意义。这样的剧作，把沉迷于《燕子》、《春灯》喧嚣声中的人们唤醒，使接受群体由欣赏“绿云鬓，茜红衫”、“香闺春梦寒”，转而为回思历史，反观现实，以史为镜，昭示未来。这对人们的文化品格的提升、审美视野的拓展、价值追求的养成，都具有积极的意义。

其次，是人物描写重心的转换。李玉之前的古代戏曲，所塑造的人物大多为帝王将相、才子佳人，虽偶尔述及小人物，也往往是以陪衬的形式出现的。如《破窑记》中开旅店的王婆、《赵氏孤儿记》中好吃酒的客商周坚、《冯京三元记》中赶脚的马夫、《胭脂记》中的媒婆等。而李玉则将市井人物写进剧作，且作为英雄人物来歌颂，让正统文人不屑一顾的“小人物”，在整部剧作中占有相当分量。如《清忠谱》中颜佩韦、杨念如、周文元、马杰、沈扬，《万民安》中的葛成等。还有些出身卑微的小人物，如《一捧雪》中的莫诚、《占花魁》中的沈明夫妇等。在封建时代，这类人物是被鄙视的社会群体，但作者却从不同的角度，挖掘出他们精神品质上的许多可贵之处，是把他们作为正面形象来塑造的。就上述而论，作者的创作意识显然发生了很大变化，体现出“百姓日用即道”的哲学理念。

还有，是演出空间的拓展。戏曲乃是场上艺术，它在演出时必须受到一定的时间与空间的限制。所以，历来的剧作，在空间场面的处理上都花费了不少心思。哪怕是两军鏖战的描写，也只能概而叙之，小中见大，细微处见精神，以至有“三五步走遍天下，一二人百万雄兵”之说。如杂剧《程咬金斧劈老君堂》，叙秦王李世民率兵与萧铣决战，作品不过以“众将一齐战科”、“秦叔宝锏打倒萧虎科”、“萧虎中锏科”草草交代战事，而详细的战况，则由正末扮饰的探子，以“一场好厮杀也呵”领起，然后唱【醉花阴】、【喜迁莺】、【出队子】、【刮地风】等六支曲子，侧面描写战场厮杀情景。杂剧《李嗣源复夺紫泥宣》，描写战争场面也类于此。作品中李克用向前去打仗并收服降将的李嗣源询问道：“李嗣源，你怎生施展武艺，收伏他两个来？你试说一遍，我听着。”李嗣源唱【雁儿落】、【得胜令】来表述战争经过，也是侧面描写。

其他涉及战争场面描写的前朝戏剧，大都采用的这类方法，主要着眼点是便于浩大场面的空间处理，故采用避实就虚之法。而李玉的剧作则不然，他在《万民安》、《清忠谱》中，均有市民斗争浩大场面的描写。《万民安》中葛成，站在玄妙观前，芭蕉扇一挥，应者云集，达数千百人。《清忠谱》中“毁祠”，成千上万的城乡百姓、“各色人等”，“似行兵摆阵”，又似“天神天将”下凡，“一路奔喊”，“一路奔唱”，如山呼海啸，冲向十里山塘，赶去拆魏阉祠堂。后来，边呼“牙牙许也”的口号，边用力拉倒祠堂。如此壮观场面的描写，突破了空间限制，这在戏曲创作史上是绝无仅有的。

李玉的戏曲创作实践给我们一个重要启示：戏曲这一由火热的民间生活走出的为人民群众所喜闻乐见的艺术，必须让他回归民间，汲取营养，撷取素材，才能保持其旺盛的生命活力。一味地将它关进装潢精致的温室，且镶嵌玻璃为之遮风避雨，无疑会加速它的死亡。戏曲既是民间的产物，就应当成为普通大众沸腾生活的载体，留住历史记忆，记下缕缕乡愁，抨击社会邪恶，弘扬人间正气，为淳厚世风、激励人们积极向上、促进社会和谐，而不断注入新的能量。

目下，戏曲的发展确实进入到了“瓶颈期”。我们面对困难，不应该将更多心思投向对客观条件的埋怨。如何走出“叫好不叫座，叫座不叫好”的怪圈？关键是要在当代核心价值观的引领下，以积极乐观的态度，多考虑基层百姓的喜怒哀乐、心理感受，尤其是地方戏，更应在本土化与现代化的对接与互融中下大气力，紧扣当地风土人情，生动展示与共筑中国梦息息相关的、具有鲜明时代色彩的社会生活画面，讴歌那些为国家、为民族、为人民乐于奉献的当代英雄。时代风气需要英雄精神品格的引

领。精心培育戏曲文化市场，多创作出一些满带田野清新空气、为人民群众真正喜闻乐见的好剧目，即所谓“要民俗，拒绝低俗；要通俗，摈弃庸俗；要俚俗，抵制鄙俗。”戏曲发展的出路，更在于自我救赎，在于创新不竭、香火不断，在于创、演人员在时代风气感召下的共同努力！

后　记

出版社寄来的《曲寄人情：话说李玉》校样，整整齐齐地摆在案头，禁不住轻轻用手抚摸，此情此景，也唤起了不少我对往事的回忆。这部书起草于 2015 年 4 月初，7 月脱稿，而改讫定稿已至 9 月中。至今，首尾已近两年。

在此期间，我除了学校安排的教学督导工作、市总工会组织的多场报告外，还见缝插针地做点研究工作。本人策划并主持编纂的千万字的大型丛书《清代散见戏曲史料汇编》，继“诗词卷·初编”（全三册）、“诗词卷·二编”（上、下册）之后，又相继出版了“方志卷·初编”（全三册）和“笔记卷·初编”（上、下册），并为每编撰写一篇长达数万字的“前言”，分别详细介绍本编所收戏曲史料的学术价值。又经学校推荐，被江苏省委宣传部遴选为“百名专家学者千场文艺欣赏讲座活动”授课专家，于 2015 年岁末的两个月间，跑遍徐州所辖各县（市）、区，作“江苏戏曲文化史”巡回讲座，引起了异常热烈的反响。讲稿三万多字，被全文收入《大众文艺：百名专家千场讲座精选》（江苏凤凰文艺出版社 2016 年版）一书。讲座期间，我还与戏曲工作者及宣传、文化部门管理者，进行了饶有意味的座谈。

2016 年 2 月，本人承担的国家社科基金后期资助项目《庄一拂〈古典戏曲存目汇考〉补正》顺利结题，不久将由人民文学出版社推出。而随即申报的《钱南扬学术年谱》一书，通过层层评审，又获得国家社科基金立项，倍感欣慰。同年春，本人应约赴台，进行为期半个月的学术访问，除在台湾师范大学等高校作“中国早期戏曲生成史论”学术讲座及个别交流外，基本上都泡在各大图书馆，仅读书笔记就写满了厚厚一册。8 月，《两汉伎艺传承史论》一书，初稿拟就。8 月底，我应邀赴日本，在早稻田大学、神奈川大学等高校参加小说、戏曲方面的多个学术会议，利用间隙时间，拟就了《元曲三百首》的“前言”和《清代散见戏曲史料汇编(笔记卷·初编)》的“后记”。9 月 11 日，由日本返回北京。12 日，又马不停蹄赶到南京，参加江苏省社会科学院主办的“‘江苏文脉研究工程’第一期项目专家研讨会”。会上指定《赵翼传》一书由我承担，并当场签订了写作协议。“江苏文脉整理与研究工程”，乃是本省有史以来最为浩大的文化工程，分为书目、文献、精华、方志、史料、研究等“六编”，主持其事者，皆是在国内声誉卓著的名家。能够应邀参与其中，乃是对我前期研究成果的充分肯定。殷殷重托，我自当勉力为之。本月，与儿子赵韡共同承担的《元曲三百首》亦按期交稿。

后来，我又受地方领导委托，承担《徐州戏剧史》开篇(先秦至近代)编著的重任，且撰成《徐州梆子戏起源考》一文，首次系统解决了徐州梆子起源与发展的问题，是文发表于《戏曲艺术》2017 年第 1 期。即使今年 4 月因病住院期间，亦无辍笔之意，《元曲三百首》的校样置于病榻之侧，时时红笔圈改。

在旁观者看来，到了我这个年纪，还在孜孜矻矻读书、写作，似乎有点不可思议。身旁的年轻人，大多是学生辈，也时常问长问短，关心惦念，并劝道：“老爷子，您已经功成名就，大可清闲度日，安享晚年，何必一本又一本地写，自讨苦吃呢？”我笑而不答。功成名就谈不上，但对学术信念的坚守却算得上执着。虽说治学四十余年，但自问只能算对传统文化领域的某些问题有过思考与探究，从不敢以专家自居。每当提笔时，总感到自己所知甚少、识见拙陋，所以，年近古稀，仍问学不倦，求索不已。书卷里讨岁月，笔砚中寄性情，乃是生活之常态。

当然，问学是一个漫长而复杂的艰辛过程，指望一蹴而就是做不出真学问的。问学之途犹如人生。在整个历史长河中，个体生命自然是很短暂的。在生命的节点上，人们每每会遇到各种各样的“坎”。当“坎”无情地横在面前时，是望而生畏、徘徊不前，还是鼓足勇气，跨而越之，无疑是对自身意志与毅力的检验。与其见“坎”而退，畏缩不前，倒不如知难而进，顺时而动，视沟坎如蚁垤，履危崖若坦途，借骐骥而一跃，张云帆以远飏。问学之途的沟沟坎坎，与人生道路上的困难相比，自然是微不足道。为学贵在积累，“积一勺以成江河，累微尘以崇峻极”（《晋书·虞溥传》）、“积累之要，在专与勤。屏绝它好，始可谓之专；久而不倦，始可谓之勤”（《宋史·王岩叟传》）。问学之途能否走向成功，关键未必在于才分，而在能否固志，“志不立，天下无可成之事”（王守仁《教条示龙场诸生》）。作为当代读书人，理应坚定其志，踏实为学，积极进取，自强不息，谨记博学、审问、明辨、笃行的古训，肩荷起“士以弘道”的历史重任，不忘初心，矢志前行，做优秀传统文化的传播者、弘扬者、践行者，在时代大潮中完善自我、成就自我，以实际行动书写美好的人生篇章。

吾生性鲁钝，却时时铭记“志行万里者，不中道而辍足”（《三国志·吴书·陆逊传》）的古训。虽说年岁不饶

人，但志不稍衰，仍刻苦好学如故，希图在读书与实践中不断有所思考，有所发现，有所探索。所谓“静时当沉思息虑，以养其心；动时当勤学砺行，以进其德”（王鸣盛《蛾术编》卷八一），颇得于我心。这本小书的完成，在某种意义上来说，也是对本人戏曲研究的新的挑战。

本书系《文学江苏读本》丛书（第二辑）之一种。“文学江苏读本”被列为江苏省哲学社会科学界联合会重大委托项目，第一辑整体推出后，曾被《新华日报》作为优秀社科普及读物向广大读者推荐，并被评为“全国优秀社会科学普及作品”，且获得了江苏省第十三届哲学社会科学优秀成果二等奖。拙著《话说〈封神演义〉》忝列其中，2012年由江苏人民出版社出版，2015年又由韩国土垣出版社推出了韩文版。在这里，谨向曾在写作过程中给予我启迪和思考的学界师友致以谢忱，也向关心与支持本人研究工作的萧相恺、冯保善、王翔宇诸先生表示诚挚谢意！期待在省社科联的关心、指导下，《文学江苏读本》（第二辑）能够再上层楼，取得更加辉煌的成绩，成为江苏人民出版社乃至我省出版事业的精品工程。

赵兴勤

二〇一七年五月三十一日

彭城凤凰山东麓倚云阁

图书在版编目(CIP)数据

曲寄人情:话说李玉/赵兴勤著. --南京:江苏人民出版社,2016.12

(文学江苏读本)

ISBN 978-7-214-20106-5

Ⅰ.①曲… Ⅱ.①赵… Ⅲ.①李玉(1591-?)—人物研究 Ⅳ.①K825.6

中国版本图书馆 CIP 数据核字(2016)第 322532 号

书 名	曲寄人情——话说李玉
著 者	赵兴勤
责任编辑	王翔宇
出版发行	江苏人民出版社
出版社地址	南京市湖南路1号A楼,邮编:210009
出版社网址	http://www.jspph.com
照 排	江苏凤凰制版有限公司
印 刷	南京新洲印刷有限公司
开 本	718毫米×1 000毫米 1/16
印 张	13 插页 2
字 数	150千字
版 次	2017年11月第1版 2017年11月第1次印刷
标准书号	ISBN 978-7-214-20106-5
定 价	26.00元

(江苏人民出版社图书凡印装错误可向承印厂调换)